Er nickte. »Gedulde dich noch ein bisschen. Nach den Ansprachen kommt die Führung, die möchte ich nicht verpassen. Aber wenn die Gastgeber zur Schlacht am Buffet blasen, besorgen wir uns was Leckeres zu essen und setzen uns ab. Dann erzähle ich sie dir.«

»Gute Idee. Und bitte möglichst weit weg von dem alten Ekel. Heute gibt er mal wieder alles.«

Während sich Constantin mit zerknirschtem Gesicht wieder den Reden widmete, schaute ich mir den Saal genauer an. In dieser weißen, verschwenderisch mit Blattgold verzierten Pracht musste es früher herrliche Bälle gegeben haben. Hatte auch Clara Henriette hier getanzt? Rundum lief eine stuckgeschmückte Empore. Meine Fantasie malte sich neugierige Kinder aus, die den feiernden Erwachsenen von dort oben zugesehen haben mochten. Die Decke zierte ein großartig restauriertes Gemälde. Auf sturmumtoster See war ein altertümlicher, nur mit einem Mann besetzter Segler dargestellt, der an einer Felseninsel voller seltsamer Mischwesen vorbeifuhr. Vögel? Nein, Frauen. Nein, Vogelfrauen. Auch einige mit Nixenkörpern. Ich grub in meinen uralten Schulkenntnissen der griechischen Sagenwelt und fand tatsächlich, was ich vermutet hatte.

»Odysseus und die Sirenen?«, raunte ich Constantin ins Ohr, während neben dem Rednerpult der städtische Frauenchor ein Volkslied anstimmte. Es klang … na ja … und veranlasste Constantin zu der Bemerkung, an diesen »Sirenen« wäre Odysseus garantiert ohne jegliches Zögern vorbeigekommen. Einvernehmlich grinsten wir uns zu.

Nun blieb nur noch die Ehrung des »hochverehrten Gönners«. Mein Schwiegervater hatte seinen großen Auftritt und bekam die Ehrenmedaille der Stadt verliehen. Gemeinsam mit einem Blumenstrauß, den er, man sollte es kaum glauben, wie galant er sein konnte, sogleich an die Frau des Bürgermeisters weiterreichte. Kurz schoss mir durch den Kopf, dass er es nur tat, weil er sonst keine Hand mehr frei gehabt hätte, um sich theatralisch auf seinen Fischdings-Stock stützen zu können. Aber ich verbot mir in diesem feierlichen Moment, der ihm offenbar sehr viel bedeutete, sofort diesen gehässigen Gedanken.

Dann hatten wir es überstanden und schlossen uns ganz, wirklich ganz, ganz hinten der Schlossführung an. Sie begann in dem düsteren Gewölbekeller, der noch aus den Zeiten stammte, als auf diesem Grund eine Wasserburg aus dem 11. Jahrhundert gestanden hatte, die in irgendwelchen Kriegswirren zerschossen worden war. Stolz wurde die Sammlung widerwärtiger Folterinstrumente präsentiert. Die wirkten mittelalterlich und waren es wohl auch, denn zu Bauzeiten des jetzigen Schlosses war die Inquisition definitiv längst vorbei gewesen.

Constantins Interesse an diesen Scheußlichkeiten war unübersehbar, und er machte eine ein- bis zweideutige Bemerkung, die mich an eine Begebenheit aus unseren ersten, extrem heißen Monaten erinnerte. Da hatte er mich mal spielerisch an zwei Bettfüße gebunden. Tja, und dann hatte das billige Ikea-Modell unter meiner von seinem aufreizenden Tun provozierten wüsten Toberei krachend nachgegeben, und wir waren unter einem Lachkrampf inklusive Matratze und Lattenrost eine Etage tiefer gesaust. Den Rest der Nacht hatten wir damit verbracht, mithilfe von Holzklötzchen, Spaxschrauben und unter heftigem Einsatz des Akkuschraubers das Bettgestell wieder aufzusockeln.

Ich sah ihm an der Nasenspitze an, dass er wusste, woran ich dachte. »So was wie damals«, merkte er süffisant an, »wäre hier sicherlich nicht passiert. Wirkt alles sehr solide.« Ich knuffte ihn in die Seite. Constantin grinste: »Profigeräte halt.«

Stockwerk für Stockwerk wurde uns gezeigt. Teils waren die ebenerdig gelegenen Gesellschaftsräume schon mit herrlichen alten Stücken möbliert, teils standen sie noch leer und sollten, so die Stiftungsvorsitzende mit einem spendenheischenden Blick auf meinen Schwiegervater, baldmöglichst »mit Glanz erfüllt« werden.

Beeindruckend fand ich die Bibliothek. Nicht nur das Land Thüringen bewahrte hier einige seiner Schätze auf. Nein, die bibliophile Bevölkerung hatte diesen wundervollen Raum bis zur holzgetäfelten Decke hinauf zusätzlich mit einem Haufen regalfüllender literarischer Meterware bestückt. Recht geordnet schien mir das Ganze nicht, denn bei genauem Betrachten fand ich beispielsweise eine sicherlich sehr wertvolle Kopernikus-Ausgabe neben Konsaliks Schmöker »Liebesnächte in der Taiga«.

»Schau dir das an, Constantin. Na gut, fangen beide mit ›K‹ an.«

»Nun sei mal nicht so kleinlich. Schließlich ist es vom polnischen Kopernikus-Geburtsort bis in die Taiga auch nicht weit.«

»Kopernikus ist im preußischen Thorn geboren«, trumpfte ich auf.

Constantin lächelte betont milde. »Das im heutigen Polen liegt und noch immer genauso weit von der Taiga entfernt ist wie zu preußischen Zeiten.«

Oh, wie ich diese Rechthaberei inklusive Schulmeistermiene an ihm hasste! Wenn er mir dann auch noch wie jetzt beschwichtigend den Arm tätschelte, konnte ich ihn fressen. Er wusste genau, wie ich auf diese spezielle Art reagierte, und tat es mit Vorliebe dann, wenn wir in Gesellschaft waren und ich mir keinen Ausraster erlauben konnte.

»Fühlst du dich jetzt gut?«, presste ich immerhin gedämpft hervor, und Constantin verzog den Bereich zwischen Nase und Oberlippe zu dieser so typischen Frotzelgrimasse, bevor er mir einen flüchtigen Kuss hinters Ohr hauchte. Richtig öffentlich hätte er mich niemals bloßgestellt. Aber er liebte solches

Geplänkel im Verborgenen. Diese Dinge hatten immer ein Nachspiel, denn ich ließ so etwas nicht auf mir sitzen. Und auf genau dieses Nachspiel freute er sich. Immer. Denn es endete nach temperamentvollen Auseinandersetzungen grundsätzlich mit einer Versöhnung im Bett.

Ich knurrte noch ein bisschen vor mich hin, ließ aber zu, dass Constantin sich bei mir einhakte. Wir folgten dem Schwarm der Gäste in die obere Etage. Die Einrichtung vieler privater Gemächer war noch ziemlich spärlich, aber die ehemaligen Wohnräume des alten Grafen hatte man schon recht vollständig ausgestattet. Hier, und das war eine ganz besondere Überraschung des Festkomitees, sollte mein Schwiegervater die kommende Nacht verbringen. Sein Strahlen war ehrlich. Unter den diversen Ölporträts seiner Vorfahren in diesem famosen Himmelbett zu nächtigen, würde etwas ganz Besonderes für ihn sein.

Lange stand er vor dem Bildnis seines Urgroßvaters. Der alte Graf war in der weißen Gesellschaftsuniform der Kürassiere abgebildet. Seine Beine steckten in langen schwarzen Kanonenstiefeln, goldene Epauletten schmückten die breiten Schultern, vielerlei Orden die ausladende Brust. Unterm Arm trug er die Pickelhaube, die statt der schlichten Spitze mit dem silbernen preußischen Adler verziert war. Eine straffe, würdige Figur in den, na, sagen wir, späten besten Mannesjahren. Der Säbel an seiner Seite sprach von Kampfbereitschaft, ein gewaltiger grauer Backenbart verlieh ihm zusätzliche Dominanz. Selbstbewusst schaute er dem Betrachter entgegen.

Ich beobachtete meinen Schwiegervater klammheimlich, wie er sich schräg vor das Gemälde stellte, versuchte, dieselbe Haltung einzunehmen, und offenbar einen Vergleich mit sich selbst anstellte. Dabei zog er seinen nicht unerheblichen Couchpotato-Bauch ein und streckte sich. Ehrlich? Er war bestenfalls ein müdes Abziehbild. Blöd war vermutlich, dass sich unsere Blicke ausgerechnet in dem Moment kreuzten, als er anscheinend eingesehen hatte, wie schlecht er bei diesem Vergleich abschnitt, und seine Gesichtszüge missmutig entgleisten. Peinlich berührt schaute er weg. Das würde bei der nächsten passenden Gelegenheit wie ein Bumerang zurückkommen. So gut kannte ich ihn.

Die Gelegenheit ließ nicht lange auf sich warten. Auch für Constantin und mich hatte man eine spezielle Bleibe vorgesehen. »Sie werden begeistert sein«, flüsterte die reizende Organisatorin der Feierlichkeiten mir verheißungsvoll zu und öffnete die Tür zu dem lichtdurchfluteten Mädchenzimmer der jungen Gräfin Clara Henriette. Die ganze Besuchermeute strömte in den Raum. Über die komplette Schmalseite des Gebäudes erstreckte sich dieser Raum und bot eine herrliche Aussicht sowohl auf den Park als auch zum Eingangsportal hinunter.

Den beeindruckendsten Schmuck dieses Raumes setzte heller Sonnenschein großartig in Szene: Der Tür gegenüber hing ein lebensgroßes Gemälde von außerordentlicher Schönheit. Clara Henriette in großer Ballgarderobe. Ihr schulterfreies milchweißes Kleid war über und über mit silbernen Sternen bestickt, und obwohl die zahllosen hauchdünnen Stoffbahnen sich verschwenderisch über der ausladenden Krinoline bauschten, wirkte es luftig, beinahe schwerelos. Sterne fanden sich auch in ihrem seidig glänzenden dunklen Haar wieder, das in langen, schweren Flechten elegant um den Kopf drapiert war und ihr trotzdem noch weit unter die Schulterblätter reichte. Diese Details allein hätten ausgereicht, bewundernd vor der jungen Gräfin zu stehen. Aber ihr Blick war es, der alle Zuschauer im Raum vollkommen in Bann zog. Liebreiz und außergewöhnliche Schönheit paarten sich mit einem Ausdruck so unbeschwerter Fröhlichkeit, dass man den Eindruck gewann, dem glücklichsten Geschöpf auf Erden gegenüberzustehen. Ein

Raunen ging durch die Reihen der Anwesenden, und ich hörte eine weibliche Stimme beinahe andächtig sagen: »Die weiße Frau!«

Mein Schwiegervater drängte sich an allen vorbei, stellte sich mitten in den Raum und ließ mit verblüfftem Gesichtsausdruck den Blick zwischen mir und dem Bild hin und her schweifen. Aller Augen folgten ihm, und alle schienen ungefähr dasselbe zu denken.

»Das gibt's doch nicht«, murmelte er und untermalte jedes Wort, indem er seinen Stock auf den Parkettboden stieß. Klack, klack, klack, klack. Dann lauter: »Das kann nicht sein!« Klack, klack, klack, klack.

Man erlebte ihn selten außer Fassung. Aber jetzt war er es.

* * *

»Kanntest du das Porträt nicht?«, fragte Constantin seinen Vater, nachdem wir den Raum wieder verlassen hatten und im Strom der Gäste dem Buffet zustrebten.

»Nein. Ich habe zwar für Kauf und Restaurierung eines übermalten Bildes bezahlt, das sich zuvor in Privatbesitz befand, aber gesehen habe ich es noch nie. Wahrscheinlich war ein röhrender Hirsch drübergemalt oder so was. Dass meine Großmutter darunter zum Vorschein kommen würde, war nicht abzusehen. Diese Frau … ach, der Name ist mir schon wieder entfallen … die da, da vorne, die hier die ganze Organisation macht, hat nur tagelang am Telefon gequengelt, ich solle meinen Geldbeutel wieder mal aufmachen, weil in der unteren Ecke die Signatur jenes Porträtmalers zu erkennen war, der damals die ganze Sippschaft abgepinselt hat. Ich habe mich nur breitschlagen lassen, damit sie mich endlich in Ruhe lässt«, grantelte mein Schwiegervater in bewährter Manier.

»Aber es hat sich doch gelohnt, lieber Schwiegervater«, warf ich ein. »Sie ist wunderschön!«

Mein Schwiegervater blieb abrupt stehen, klackte mit dem Stock auf den Boden und musterte mich von oben bis unten missbilligend. »Die sieht aus wie du. Wieso sieht die aus wie du?«

Ich zuckte die Achseln und war kurz davor, in Gelächter auszubrechen. »Keine Ahnung. Verwandt bin ich garantiert nicht mit ihr.«

»Natürlich nicht«, konstatierte er naserümpfend. »Du bist ja keine von und zu.«

»Wenn du so weitermachst, mein lieber Schwiegervater, bin ich gleich eine auf und davon«, konterte ich. »Welches Problem hast du eigentlich mit mir?«

Constantin stieß mich sanft an und ging mit gedämpfter Stimme dazwischen. »Könntet ihr euren unsinnigen Streit eventuell nicht ausgerechnet hier, mitten zwischen allen Gästen, austragen?«, zischte er scharf und konfrontierte seinen Erzeuger mit einem unvergleichlich arroganten Gesichtsausdruck, den ihm der Alte erst mal hätte nachmachen müssen. »Freu dich doch, dass deine Schwiegertochter genauso schön ist wie deine Oma. Wenn Faye schon nicht in deinen genealogischen Geschmack passt, so passt sie doch offenbar ausgezeichnet in die Schönheitsriege der Frauen unserer Familie. Und jetzt habe ich Hunger!«

Blitzschnell schaltete der Alte um, ließ angelegentlich einen erstaunlich wohlwollenden Blick über meine Gestalt gleiten und wandte sich seinem Sohn zu. »Ich auch. Mal gucken, welchen Dorfmetzger die angeheuert haben, um mein Geld zu verprassen.«

Dorfmetzger? Zu diesem Buffet wäre ein Dorfmetzger schwerlich fähig gewesen. Auf langen Tischen war eine Auswahl feinster Speisen kunstfertig arrangiert worden, die zweifelsfrei der gehobenen, ja, ich möchte sagen, extrem gehobenen italienischen Küche entstammten.

»Lass uns deinen Vorschlag aufgreifen und uns in den Park verkrümeln«, flüsterte ich Constantin zu. »Die Anwesenheit deines Herrn Vaters würde mir sonst nämlich gehörig den Appetit verderben. Und das haben diese Köstlichkeiten nicht verdient.«

Sein zustimmendes Lächeln löste den Knoten in meinem Magen. »Ich hole uns ein Glas Wein, dann bin ich aus der Schusslinie. Tust du mir was auf? Du weißt ja, was ich mag«, bat ich ihn und entfernte mich zügig.

Ein paar Minuten später hatten wir unser Plätzchen gefunden. Draußen hatte es zwar merklich abgekühlt, aber die Luft war jetzt nach dem Regen so rein und klar wie frisch gewaschen. Wir spazierten ein Stückchen in die Tiefe des Parks hinein und entdeckten unter einer ausladenden Linde eine trockene kleine Bank. Schweigend ließen wir uns die Leckerbissen schmecken, genossen ein Weilchen die Ruhe und den Blick zwischen den Bäumen hindurch auf die Schlossfassade, die in der Sonne schimmerte.

Ich nippte an meinem kühlen Frascati, nahm die Zigarette, die Constantin mir angezündet hatte, und lehnte mich mit einem zufriedenen Seufzen zurück. »Diese Ähnlichkeit ist schon verblüffend, nicht? Jetzt verstehe ich, warum die Leute vorhin so reagiert haben. Erzählst du jetzt? Ganz von Anfang an?«

Constantin sah mich zärtlich an. »Du quengelst. Sei nicht so ungeduldig. Aber habe ich dir heute eigentlich schon gesagt, dass ich dich liebe?«

»Nein. Tust du doch nie«, log ich. »Ich liebe dich übrigens auch.«

Sein Kuss schmeckte nach teurem Wein und teurem Essen und ein ganz kleines bisschen nach Rauch. Aber das machte nichts. Alles war schön.

16. April 1851

»Vater, Vater! Friederike! Schnell, schnell! Sie ist wieder da. Clara Henriette ist nach Hause gekommen.«

Die Stimme der zehnjährigen Thekla Marie Agnes überschlug sich beinahe. Wie ein Wirbelwind flog sie durch das Haus, klopfte nur im Vorbeihuschen hastig an die Zimmertüren von Vater und Schwester und sauste die Treppen hinunter.

Schon herrschte Aufruhr im Schloss. Türen wurden aufgerissen, wieder zugeknallt oder gleich sperrangelweit offen gelassen. Aus dem Souterrain stürmte die Köchin, die gleichzeitig Hauswirtschafterin und Mädchen für alles war, mit den beiden Mägden herauf. Die gerade achtjährige Friederike Sophie Marie nahm den schnellsten Weg und rutschte bäuchlings den polierten Handlauf hinunter.

Die Kutsche war kaum vorgefahren, die Rösser schnaubten dampfend in der nachmittäglichen Frühlingssonne, da stand schon das komplette Empfangskomitee am Fuß der zweiläufigen Freitreppe zur Begrüßung bereit. Die Mädchen hatten rote Wangen und traten vor Aufregung von einem Fuß auf den anderen. Der alte Graf strahlte, wie man es das letzte Mal gesehen hatte, als die Kameraden des Regiments der Potsdamer Gardekürassiere ihrem scheidenden Kommandanten den Ehrensäbel überreicht hatten. Die Köchin zupfte den Dienstmädchen die Schürzen zurecht und faltete dann die großen roten Hände über ihrem gewaltigen Bauch. Wie würde Clara jetzt aussehen? Beinahe zwei Jahre war sie im Schweizer Internat gewesen.

Der Kutscher machte es spannend. Stieg langsam vom Bock, grüßte, tätschelte erst noch umständlich die Pferde. Dann, endlich, klappte er den Tritt am Wagenschlag herunter, öffnete die Tür und streckte seinem Fahrgast hilfreich die Hand entgegen.

Zunächst erschien ein zarter Fuß in einer schilfgrünen Knöpfstiefelette. Dann wurde eine in derselben extravaganten Farbe behandschuhte Linke herausgereicht, und im nächsten Augenblick verschlug es den Wartenden den Atem.

»Schau mal, Friederike, sie hat eine«, flüsterte Thekla ihrer kleinen Schwester mit blitzenden Augen zu. »Mein Gott, sie hat eine Krinoline! Zum ersten Mal sehe ich eine an einer lebendigen Dame ... und guck, wie dieser dunkelgrüne Atlas schimmert ... Nein, sieh nur, diese feinen weißen Spitzen ... und wie ihr Haar glänzt ... Wie hat sie das bloß gemacht? Aber ... ob sie so fest geschnürt noch atmen kann? Ihre Taille ist ja so schmal wie meine Milchtasse ... nein, noch viel schmaler, ich schwör's dir ... O Gott, o Gott, ist sie schön!«

»Clara ist eine feine Dame geworden«, bestätigte die Kleine ernsthaft. »Ob wir jetzt noch Du zu ihr sagen dürfen? Was denkst du?«

Clara Henriette stand nur einen Augenblick reglos und aufrecht, ganz Dame von Welt, dann flackerte ein schelmisches Leuchten über ihr schönes Gesicht und sie fegte alle Bedenken im Nu weg. Mit ausgebreiteten Armen stürmte sie auf ihre Familie zu, fiel dem Vater um den Hals, ließ sich einmal ganz herumschwenken und bückte sich gleich darauf zu den Mädchen hinunter, um sie beide gleichzeitig herzlich zu umarmen.»Wie ich euch vermisst habe! Es ist so schön, wieder daheim zu sein. Thekla, du siehst ja fast schon aus wie eine junge Frau. Und wie groß du geworden bist, Rieke! Ob ich dich überhaupt noch auf den Arm nehmen kann, Äffchen? Komm, hopp, versuch's doch mal.«

»Lieber nicht, Clara. Ich bin fast zwanzig Zentimeter gewachsen, seit du fort bist, und habe zehn Pfund zugenommen. Nicht, dass ich dir noch dein schönes Kleid zerreiße. Aber klettern, das kann ich noch mindestens so gut wie früher. Nur viel höher. Ich zeig's dir nachher, ja?«

»Au ja. Das will ich sehen. Aber jetzt lass mich erst mal meine Emma begrüßen.«

Mit ausgestreckten Armen ging Clara auf die Köchin zu.»Hast du noch ein Fläschchen von deiner wunderbaren Apfellimonade, Emma? Ich bin so durstig von der langen Reise.«

Jetzt tat Emma etwas, das Clara ganz und gar nicht einordnen konnte. Sie beugte den Kopf, machte einen tiefen Hofknicks und sprach leise: »Aber sicher, Gräfin Clara Henriette. So viel Gräfin wollen. Und ganz frische Thüringer Roster habe ich vorbereitet. Sie werden hungrig sein, und die mochten Gräfin doch immer so gerne.« Dann verharrte sie bewegungslos in dieser unterwürfigen Position.

Clara schüttelte heftig den Kopf und fasste die Köchin bei den Schultern. »Emma, um Himmels willen, steh auf und schau mich an! Seit wann sagst du Sie zu mir? Seit wann knickst du vor mir? Das ist nicht recht. Du hast mir die Mutter ersetzt, seitdem Mamá gestorben ist. Du bist unser guter, nein, unser allerbester Geist im Haus. Bin ich dir so fremd geworden? Tu mir die Liebe, vergiss die Gräfin. Ich bin's doch, deine Clara.«

Emmas Gesicht nahm die Farbe ihrer Hände an. Langsam hob sie den Kopf und sah Clara noch immer etwas zweifelnd von unten herauf an. Glitzerten da Tränchen in ihren

Augenwinkeln? Nein, das durfte doch nicht sein. Beherzt griff Clara zu und zog sie entschlossen zu sich herauf.

»Lass dich umarmen, meine liebe, gute Emma. Und wenn ich dich genug gedrückt hab, dann bitte, lass mich bei dir in der Küche sitzen, Limonade trinken und eine Riesenportion Roster essen. Aber mit deinem unvergleichlichen Apfelkraut, denn ohne geht es nicht. Ich bin zu Hause. Und es muss sich so anfühlen, wie es sich zu Hause immer angefühlt hat.«

Als Clara die Köchin nach einer langen Weile losgelassen hatte, hielt sie sie auf Armeslänge von sich weg, sah ihr forschend ins Gesicht und wischte zärtlich eine Tränenspur fort.

»Alles wieder wie immer?«

»Alles wie immer, Grä…, ähm, Clärchen«, lachte Emma endlich. »Kind, geh dich frisch machen, ich richte dir das Essen.«

* * *

Auf dem Weg hinauf in ihr Mädchenzimmer fand Clara Henriette überall große Vasen mit frischem Ostergrün. Die Zweige waren mit bemalten Eiern geschmückt, die lebendige Erinnerungen an ihre Mutter Marie Therese weckten. Erinnerungen an diese wundervollen Kinderjahre, in denen sie noch da gewesen war. Da war eines, das ganz eindeutig die künstlerische Handschrift der Mutter trug. Sie nahm es vorsichtig zwischen Daumen und Zeigefinger und betrachtete die fein gezeichneten Kirschblütenzweige, die die Schale zierten. Vor ihrem inneren Auge erschien der blonde Kopf der Mutter im milden Lampenschein, konzentriert über diese Arbeit gebeugt. War es Zufall oder hatte Emma beim Dekorieren ein besonderes Gespür bewiesen? Direkt daneben hing das kindlich mit einfachen Blümchen bemalte Ei, an dem Clara damals gleichzeitig gearbeitet hatte. Rote Blumen, rote Schleife. Sie rechnete nach. Damals war sie zehn Jahre alt gewesen. Nun würde es das sechste Osterfest ohne Mamá sein, und Clara nahm sich vor, noch heute Abend mit den Mädchen ein paar ausgeblasene Eier zu bemalen, damit diese alte Tradition nicht aussterben würde.

Ein klein wenig enttäuscht war sie in diesem Moment, denn sie hatte beim Empfang jemanden vermisst. Nun hatte sie sich extra so hübsch gemacht, und er hatte es nicht gesehen. Warum war er nicht da gewesen? Er hatte doch geschrieben, dass er über die Ostertage daheim sein würde. Musste er dem Vater beim Herrichten der Kirche helfen? Vielleicht die Orgelstücke proben, mit denen er schon als Junge so kunstfertig des Vaters Gottesdienste untermalt hatte? Schließlich war morgen Gründonnerstag, und es würde viel zu tun geben. So würde es wohl sein, tröstete sie sich. Es war ausgeschlossen, dass er es vergessen hatte. Seine Briefe, die im Wochentakt aus Heidelberg in der Schweiz eingetrudelt waren, hatten eine eindeutige Sprache gesprochen. Nie hatte sie mehr als einen einzigen Tag verstreichen lassen, um ihm zu antworten. Jetzt wartete er fraglos genauso auf sie, wie sie es nicht erwarten konnte, ihn wiederzusehen.

Martin!

Aufgewachsen waren sie nah beieinander im Schatten jener Türme von Schloss und Kirche, die dem Städtchen den Beinamen »mit den zwei Türmen« beschert hatten. Für Clara Henriette war es eine Selbstverständlichkeit gewesen, mit dem Pfarrerssohn und besten Freund ihres großen Bruders Alexander Umgang zu pflegen. Ressentiments wegen des Standesunterschiedes hatte es niemals gegeben. Wie frei, wie unbeschwert doch die Kinderzeit gewesen war! Bis zu jenen schrecklichen Tagen – Alexander hatte just das Schloss verlassen, um seine Militärlaufbahn zu beginnen –, als beide Familien binnen achtundvierzig Stunden dasselbe Schicksal traf.

Eigentlich wollte Clara in diesem Moment keine traurigen Gedanken zulassen. Aber sie kamen mit der lauen Frühlingsluft durch die geöffneten Fenster herein, kaum dass ihr Blick auf den Kirchturm gefallen war. Trotz der milden Temperatur lief ihr ein Schauer über den Rücken, als die Bilder aufschienen. Sie sah sich wieder im Kirchgestühl sitzen, hörte Martins Vater, Pastor Klopstock, mit so ungewohnt brüchiger Stimme predigen. Erlebte wieder, wie die Gebete verklangen, die letzten Orgelklänge verhallten, sah die Gemeinde sich erheben, den Sargträgern, dem Pfarrer mit ernsten Mienen folgen. Vaters Hand. Beständiger Februarniesel rann in ihren Nacken. Der eisige Ostwind riss die Tränen von den Wangen. Gesenkten Kopfes die Wege entlang, die vom Frost noch hart waren. Beide trugen sie ihre Mütter zu Grabe. Der letzte Gang. Sie ging ihn im Schutz ihrer Familie. Doch Martin ging ihn ganz allein. Wie verloren er aussah, wie tapfer er versuchte, Haltung zu bewahren, das Schluchzen zurückzuhalten.

Clara hatte sich aus Vaters Hand gelöst und zu ihm gesellt. Hatte vollkommen selbstverständlich seine Hand genommen. Zustimmend hatte ihr Vater genickt. Schulter an Schulter, jeder dem anderen ein wenig Wärme spendend, überstanden die Kinder tapfer den Weg bis zur Gabelung. Kurz stockte die Prozession. Rechts zum Friedhof. Links zum gräflichen Mausoleum. Martin ließ ihre Hand los. Ein dankbarer Blick, dann folgte er still den Trägern. Wieder allein. Sie hatte ihm nachgesehen, bis der Vater sie zu sich zog. Dieses eine Mal hatten sie sich nach einem kurzen Stück Wegs in schlimmster Stunde trennen müssen. Aber vom nächsten Morgen an waren sie unzertrennlich gewesen.

Jeder wusste aus selbst empfundenem Leid, wie der andere sich fühlte, ganz offen konnten sie miteinander reden. Und manchmal einfach miteinander schweigen. Oft bedurfte es keines Wortes, nicht mal einer Geste oder eines Blickes. Gegenseitig gaben sie sich Stütze, trockneten die Tränen des anderen, trauerten gemeinsam. Und lehrten einander nach und nach auch wieder das Lachen. Clara und Martin, das hätte jeder im Ort beschworen, waren wie Castor und Pollux: eine unverbrüchliche Einheit.

So war es nur selbstverständlich gewesen, sich vor Claras Abreise ins Internat gegenseitig zu versichern, dass sie aufeinander warten würden. An jenem lauen Maiabend standen die alten Linden draußen im Park in voller Blüte und verströmten ihren betörenden Duft. Mit dem ersten scheuen Kuss besiegelten sie ihren Bund. Ein Leben lang sollte er halten!

»Schau, Martin«, hatte Clara überaus vernünftig gesagt, nachdem sie wieder zu sich gekommen war, »wenn ich zurückkehre, werde ich fast siebzehn sein. Dann kannst du um meine Hand anhalten, und ich bin sicher, Vater wird sie dir nicht verwehren. Aber du musst treu sein! Versprichst du es?« Dabei hatte sie seine Hände ganz fest gehalten und ihm tief in seine blauen Augen geschaut.

Martin, drei Jahre älter als Clara und schon beträchtlich reifer als sie, hatte geantwortet: »Die Treue, die kann ich dir leicht versprechen. Es gibt für mich keine Frau auf der Welt außer dir. Aber ich werde nichts sein und nichts haben in zwei Jahren, Liebste. Wenn dein Vater sein Versprechen schon wahrmacht und mir das Studium finanziert, wird es mindestens dauern, bis ich zweiundzwanzig bin. Schneller werde ich auch bei allergrößtem Fleiß kein Arzt werden. Und ich möchte dich selbst ernähren können, Clara. Dich und unsere Kinder.«

Heute wusste Clara, dass der Vater sein Wort nicht gebrochen hatte. So sehr hatte er sich in der Schuld von Martins Mutter gefühlt, dass es ihm niemals in den Sinn gekommen wäre, das Versprechen zu vergessen, das er ihr auf dem Totenbett gegeben hatte. Er war ein Ehrenmann und wusste, damals war es nur ihrem Können und beherzten Eingreifen als Hebamme zu verdanken gewesen, dass er unter Claras Geburt nicht Frau und Kind gleichzeitig verloren hatte.

Martin war schon als Schuljunge durch seine besondere Intelligenz und Lernbegierde aufgefallen. Seit die Grippeepidemie nicht nur seine und Clara Henriettes Mutter das Leben gekostet, sondern unter der Bevölkerung des Städtchens so viele dahingerafft hatte, war es sein glühender Wunsch gewesen, Arzt zu werden. Mehr können, mehr helfen können, als es die Mutter gekonnt hatte! Dieser Wille, den Martin nicht zu wiederholen müde wurde, war bei dem Jungen nicht nur dahingesagt, wie der Graf glasklar erkannte. Leichten Herzens hatte er nicht nur seinen enormen Einfluss geltend gemacht, Martin die militärische Dienstzeit zu ersparen. Er zahlte auch aus voller Überzeugung Studiengebühren und Logis für den vielversprechenden Studenten.

Clara hatte niemals auch nur die Spur eines Zweifels verspürt, dass ihm der Vater genauso freudig die Hand seiner ältesten Tochter geben würde. Darüber geredet hatte sie allerdings noch nie mit ihm. Aber, so überlegte sie zuversichtlich, während sie ihr Reisekleid gegen ein schlichteres Nachmittagskleid tauschte, so stolz, wie er sie vorhin angesehen hatte, würde sie es schon leicht haben, eventuell aufkeimende Zweifel einfach wegzulächeln. Letztlich war er ein wundervoller Vater und würde ganz bestimmt niemals dem Glück seiner Tochter im Wege stehen wollen.

So, wie sie jetzt mit der Puderquaste ein wenig Glanz von den Wangen wegwischte, so wischte sie auch die traurigen Gedanken fort. Hinaus zum Fenster und bitte nicht so schnell wiederkommen! Es war ein fröhlicher Tag. Ein Tag des Wiedersehens, ein Tag der schieren Freude. Da mochte sie doch lieber an diesen einzigen Kuss denken, der ihr das Einschlummern im großen Schlafsaal des Internats immer so süß hatte werden lassen. Abend für Abend hatte dieser kleine

Kuss sie begleitet und mit der Zeit eine solche Bedeutung gewonnen, dass allein der Gedanke unerhörte Regungen in ihr ausgelöst hatte, je älter sie wurde. Eines Tages hatte sie es nicht mehr ausgehalten und diese Erinnerung einschließlich aller damit zusammenhängenden, verwirrenden Gefühle mit ihrer besten Freundin geteilt.

»Clara! Du hast schon geküsst? Donnerwetter«, war es der kleinen, pausbäckigen Bernadette Freiin von Weidenbach entfahren. »Wirst du ihn denn auch heiraten? Er ist doch nicht von Stand. Ob dein Vater dem zustimmen wird?«

Clara Henriette hatte von nun an eine besondere Position unter den Internatsschülerinnen innegehabt. Natürlich hatte die Freiin den Mund nicht halten können und es herumerzählt. Also galt Clara plötzlich als »erfahrene Frau« und wurde zum Anlaufpunkt aller Mitschülerinnen, die noch viel weniger Erfahrung mit dem männlichen Geschlecht, aber umso mehr Wissensdurst hatten. Das war eine Aufgabe gewesen! Ständig musste sie neue Sensationen um die Küsserei als solche und die Männer im Besonderen erfinden. Sie tat es mit so viel Fantasie, dass sie selbst bald glaubte, alles, was nach dem Auftakt durch einen solchen Kuss folgen würde, längst erlebt zu haben. Es war nicht übertrieben zu behaupten, das ganze Internat »hing an ihren Lippen«.

Zusätzlich speisten die regelmäßig eintreffenden Briefe Martins stetig den entstandenen Nimbus. Nie teilte sie die Inhalte mit ihren Freundinnen. Aber die Legendenbildung funktionierte ausgezeichnet. So ausgezeichnet, wie Claras leidige Schlafwandelei bei den Mädchen keinen anderen Schluss zuließ als den, sich im Traum vor Sehnsucht nach ihrem Liebsten so zu verzehren, dass sie ihn in den nächtlichen Fluren suchen musste. Zu Beginn ihrer Internatszeit hatten die jungen Damen der Gesellschaft Clara noch mit einem Ausdruck zwischen Mitleid, Abscheu und Entsetzen angesehen, wenn sie wieder einmal gegeistert war. Nachdem aber nun die Gründe für das Mysterium ein für alle Mal geklärt waren, rechneten es die Mädchen ihrer besonderen Aura zu, und jede war stolz und glücklich, wenn sie die »Sehnsüchtige« einmal einfangen und sanft in ihr Bett zurückleiten durfte, ohne sie aufzuwecken. Es hatte sich sogar ein regelrechter Wettbewerb entwickelt, wer wie oft aufmerksam, respektive schnell genug zur Stelle gewesen war.

Clara lächelte sich selbst im Spiegel zu, als sie daran zurückdachte. Für sie selbst war das Schlafwandeln etwas, das ihr nicht bewusst wurde. Nie konnte sie sich an irgendetwas erinnern. Früher hatte die Mutter oft erzählt, sie bei der Hand genommen und ins Bett zurückgebracht zu haben. Aber selbst dann, wenn ein Familienmitglied sie nur beobachtet hatte, ohne einzugreifen, war sie jedes Mal auch von allein wieder in ihren Kissen gelandet. Sie wusste nicht, wann oder warum es passierte, noch wie oft es passierte. Es passierte eben einfach und belastete sie nicht. Sonst wären ihre Wangen nicht so rosig, ihr Haar nicht so glänzend, ihre Augen nicht so hellwach gewesen, wie es ihr Spiegelbild jetzt zeigte.

1851 – Ostern

Natürlich hatte Martin es nicht vergessen.

Kaum dass Clara ihr kräftiges Mahl beendet hatte, stand er mit einem Strauß Osterglocken und Narzissen in Emmas Küche. Mit dem zauberhaftesten ihr zur Verfügung stehenden Lächeln nahm sie die Blumen entgegen und dankte ihm. Scheinbar beherrscht und höflich zurückhaltend, aber mit der mühsam kontrollierten Glut im Herzen, ihm endlich mindestens genauso ungestüm um den Hals fallen zu wollen wie vorhin der Familie.

Aus dem ehemals so schlaksigen Jungen war ein Mann geworden. Viel größer, breiter und stattlicher erschien er ihr, und die einst weichen, beinahe etwas femininen Gesichtszüge hatten an Schärfe gewonnen. Einen modischen Haarschnitt hatte er sich verpassen lassen; recht lang und ordentlich gewellt aus der Stirn frisiert trug er das kräftige dunkle Haar. Seine Oberlippe zierte jetzt ein gepflegter, kleiner Schnauzer. Helle Pantalons steckten in weichen, wadenlangen Stiefeln, und unter dem dunkelblauen Leibrock, der seine schmale Taille betonte, schimmerte eine Weste in dezent gestreiftem Indigo. Deren Farbe fand sich in dem Halstuch wieder, das aus dem blütenweißen Hemdkragen lugte. Clara registrierte all das zwar und ärgerte sich darüber, dass sie jetzt in diesem schlichten Kleid vor ihm stand, aber viel wichtiger war ihr der Blick in seine tief dunkelblauen Augen, den sie so lange vermisst hatte.

Da war dieses vertraute Zwinkern, das ihr immer schon ein so wohliges Gefühl verursacht hatte. Aber schon im nächsten Moment galt seine Aufmerksamkeit nicht mehr ihr, sondern Emma. Er war raffiniert genug gewesen, auch die Köchin nicht zu vergessen, und überreichte ihr mit verschwörerischem Gesichtsausdruck ein kleines Bestechungssträußchen aus Steinkraut und Traubenhyazinthen. Emma bedankte sich gerührt und ließ die beiden allein.

Es war keine Fremdheit zwischen ihnen. Ohne Zögern flog Clara endlich in Martins Arme. Und als hätten sie sich erst vor Sekunden getrennt, feierten sie ihr Wiedersehen mit der Fortsetzung jenes ersten, zaghaften Kusses, den Clara so fest in ihrem Herzen bewahrt und jede Nacht wiederbelebt hatte. Als wäre das Weiterdenken, Weiterfühlen dieses Kusses eine Übung für diesen Moment gewesen, fiel das Ineinanderversinken heute allerdings viel leidenschaftlicher aus. Minutenlang dauerte es, bis sich ihre Lippen wieder von seinen lösen konnten, und Martin schaute erstaunt auf die nach Atem ringende Clara herunter.

»Clara! Wie kann es sein, dass du auf einmal so erfahren küsst? Hast du etwa heimlich mit anderen geübt?«

Sie schlug die Augen nieder und errötete. Sie wusste, sie würde ihm die ganze, wenn auch eigentlich absolut keusche, aber doch so entlarvende Wahrheit gestehen müssen. Er wollte ihr offenbar keine Zeit zum Überlegen geben, wollte nicht, dass sie sich womöglich Ausflüchte ausdachte, legte eine Hand unter ihr Kinn und hob ihr Gesicht zu sich.

Clara hielt dem kritischen Blick stand. Dabei breitete sich das Erröten nach und nach bis zu den hübschen Ohren aus. Was sie ihm jetzt gestand, war eine Aneinanderreihung kleiner, lustiger Anekdoten, und sie beendete ihren Bericht mit den Worten: »Du siehst, ich habe jede Nacht geübt, Martin. Und zwischen Wachen und Schlaf warst immer du es, den ich geküsst habe. Findest du, ich habe viel dazugelernt?«

Martin schmunzelte und zog sie wieder in die Arme. »Lass es mich noch einmal prüfen.«

Jetzt war Clara erlöst. Nichts stand zwischen ihnen, und sie konnte ihren aufgestauten Gefühlen freien Lauf lassen. Mitten in den Bauch trafen Amors Pfeilchen, setzten ihre Leibesmitte in Brand. Und mitten ins Herz traf jedes geflüsterte Liebeswort Martins. Als sie einander losließen, war nun er es, der um Fassung und Atem ringen musste.

»Mein Gott! Du bist für die Liebe geschaffen, Clara.«

»Dann lass nicht zu viel Zeit verstreichen, Martin, und halt bald um meine Hand an, damit wir die Liebe auch ganz legitim genießen dürfen.«

* * *

Martin zögerte nicht lange und erbat bereits am Abend des Ostermontags eine Unterredung mit dem Grafen. Clara, die in dieser Stunde zwischen Hoffen und Bangen in Emmas Küche geflüchtet war, konnte es kaum erwarten, dass er aus dem Rauchzimmer des Vaters mit guten Nachrichten zurückkehren würde.

»Wird schon werden, Clärchen«, sprach Emma ihr Mut zu. »Warum sollte der Graf ihn zurückweisen? Der Martin ist ein feiner Kerl, ganz nach seinem Geschmack, und er weiß doch, dass ihr beide euch liebt.«

»Und wenn er uns warten lassen will, bis Martin fertig studiert hat und mich selbst ernähren kann?«

»Mädelchen, der Martin wird dir nie den Lebensstandard bieten können, den du gewohnt bist. Dein Vater wird immer mit aushelfen müssen. Aber das kann er doch leicht. Es würd mich wundern, wenn er euch nicht den Segen gäbe.«

»Dein Wort in Gottes Ohr, Emma«, seufzte Clara und spürte, dass sie noch nie so verunsichert, noch nie so ängstlich gewesen war, etwas, das sie sich mehr als alles wünschte, könnte abschlägig beschieden werden. Ihre Hände lagen zu Fäusten geballt, die Daumen fest gedrückt, auf der blank gescheuerten Platte des Küchentisches. Weiß traten die zarten Knöchel hervor.

So saß sie noch, als nach unendlich lang erschienener Zeit der Graf die Tür aufstieß. Hinter ihm trat Martin ein, und als gäbe es keinen selbstverständlicheren Ort als die Küche dafür, legte er mit feierlichem Gesichtsausdruck Claras Hände in Martins und hielt seine darüber.

»Meinen Segen habt ihr! Ich erwarte von euch nur, dass ihr euch zusammennehmt, bis wir die Verlobung gefeiert haben. Ihr seid nun keine Kinder mehr. Also bitte keine Vertraulichkeiten in der Öffentlichkeit. Ihr wisst, wie die Leute sind. Ich möchte keinen Tratsch in der Gemeinde erleben.« Dann wandte er sich an Clara. »Martin und ich haben einen Verlobungstermin für Ende August abgemacht …«

Clara Henriette wollte schon den Mund öffnen, um empört aufzubegehren, als der Graf resolut den Kopf schüttelte. »Keine Widerrede, Clara Henriette Marie! Ihr habt schon jahrelang aufeinander gewartet. Diese Zeit soll euch bleiben, damit ihr beide noch ein wenig reifen, einmal mehr in euch gehen und euren Entschluss überdenken könnt.«

»Ich muss gar nicht mehr …«, setzte Clara an, aber Martin drückte ihre Hand, und sie verstummte.

* * *

Nur mehr wenige Tage blieben dem jungen Liebespaar, bis sie sich wieder trennen mussten. Die knappe Zeit vor Martins Abreise nach Heidelberg verbrachten sie miteinander, sooft es ging. Das herrliche Wetter des späten Aprils zog sie täglich in die Natur hinaus. Nicht ohne den gemeinsamen Hintergedanken, sich den neugierigen Blicken der Menschen im Ort entziehen zu wollen. Stundenlang lagen sie dicht nebeneinander im jungen Gras am Flüsschen und redeten. Redeten umso mehr, umso engagierter, je stärker sie sich ablenken mussten von der Begierde, die jeder auf den anderen verspürte.

Clara quetschte Martin an ihrem letzten gemeinsamen Nachmittag über den studentischen Alltag aus. Im Hinterkopf hatte sie dabei vor allen Dingen den Wunsch herauszufinden, ob andere Frauen in seinem Leben nicht womöglich doch eine Rolle spielten. Als geradezu gefährlich bezüglich seiner fest geschworenen Treue hatte sie nämlich seine sehr sachlich vorgetragene Äußerung empfunden, er wolle sich später gern auf das Gebiet der Gynäkologie konzentrieren. Ob denn an der Universität etwa am lebenden Objekt geübt werde, wollte sie wissen, und Martin brach in schallendes Gelächter aus. »Wenn wir eine Frauenleiche zum Sezieren haben, sind wir schon glücklich.«

Clara rümpfte die Nase, war aber einigermaßen beruhigt. Als die Sprache auf ihren Somnambulismus kam, flocht Martin ein, dass ihn die Psyche des Menschen und die der Frau im Besonderen interessiere.

»Solange diese Fragen nur deinem wissenschaftlichen Forscherdrang entspringen, sei es dir gegönnt, mein Liebster. Aber wehe dir, persönliche Motive kommen hinzu«, sagte sie drohend, nur um einen beschwichtigenden Kuss und neue Beteuerungen seiner hundertprozentigen Monogamie einzuheimsen.

»Welche psychischen Krankheiten der Frau gibt es denn überhaupt?«, begehrte sie noch in seinen Armen zu wissen und schlug die Augen wieder auf.

Martin straffte sich, machte ein ernstes Gesicht und dozierte: »Beispielsweise die Hysterie. Sie gilt als die älteste beschriebene psychische Störung und wurde schon von Platon und Hippokrates beschrieben. Frauen, die unter Hysterie leiden, weisen diesem Krankheitsverständnis nach häufig bestimmte Persönlichkeitsmerkmale auf. Sie sind ichbezogen, geltungsbedürftig und unreflektiert.«

»Bin ich alles nicht.«

»Nein, bist du alles nicht. Aber hör mal weiter. Die Urväter der Medizin wiesen das hysterische Verhalten ausschließlich Frauen zu, denn sie hatten die Theorie entwickelt, dass die Ursache dafür in der Gebärmutter, griechisch ›hystera‹, liege. Du wirst es nicht für möglich halten, aber es ist noch heute nicht aus den Köpfen der Wissenschaftler und Ärzte verschwunden, dass die Gebärmutter, wenn sie nicht regelmäßig von Samen genährt wird, im Körper suchend umherschweift und sich dann am Gehirn festbeißt.«

Clara brach in schallendes Gelächter aus und rollte neben dem konsterniert dreinblickenden Martin im Gras herum. »Hilfe, Doktor, Hilfe!«, kreischte sie. »Ich bin hysterisch. Es kann gar nicht anders sein, denn niemals wird meine Gebärmutter von Samen genährt.«

»Clara! Wenn du so reagierst, erzähle ich dir nie wieder etwas aus der Universität«, rügte Martin, konnte sich aber ein Lächeln doch nicht verkneifen.

»Ich bin schon wieder ganz unhysterisch«, mühte sie sich um Ernsthaftigkeit, wischte sich die Lachtränen von beiden Wangen und setzte sich auf. Nicht ohne jedoch noch ein paarmal unkontrolliert zu glucksen. »Aber bitte, sag, wenn es denn jemals sein sollte, dass sich meine Gebärmutter *doch* am Gehirn festbeißt, gibt es dann Rettung?«

Martin zögerte, denn was die Praxis dazu hergab, wollte er ihr eigentlich gerade in diesem Moment lieber nicht verraten. Sie war so umwerfend aufgelöst, wie sie da im Schneidersitz, die Röcke um sich herum ausgebreitet, mit vor Lachen geröteten Wangen saß. Die Ellenbogen auf die Knie gestützt, die Hände unterm Kinn. Und ihn aus so funkelnd braunen Augen ansah. »Wenn ich dir das erzähle, wirst du sofort hysterisch. Nur eines kann ich dir sagen, meine allerliebste Clara: Ich habe gesehen, wie stark die Mutterbänder sind und die Gebärmutter so an ihrem Platz halten. Überleg bitte, wenn ein Kind mit seinem nicht unerheblichen Gewicht darin heranwächst, muss sie doch gut gesichert sein. Die kommt garantiert nicht ins Wandern, und beißen tut sie schon gar nicht.«

»Ach, du willst mich ja nur dumm halten«, warf sie ihm schmollend vor.

Aber er rettete die Situation mit einem Kuss, der ihr das Einschlafen in den nächsten Monaten zu einer Erinnerungsfeier der süßesten Art machen sollte.

Juli 2010 – Der Nachmittag

»Soso, er hat es ihr also nicht erzählt?«, fragte ich Constantin. Schon lange hatte ich meine Beine auf dem Bänkchen ausgestreckt und ihm gebannt, den Kopf in seinen Schoß gekuschelt, mit geschlossenen Augen zugehört. Jetzt hatte er seine Erzählung unterbrochen und schien sie vorerst nicht fortführen zu wollen. Ich setzte mich auf und sah ihn an. Da war dieses ganz bestimmte Zucken um seine Mundwinkel. Das deutete auf einen Zusammenhang aus dem erotischen Formenkreis.
»Komm, erzähl es mir wenigstens, ich bin nämlich wissensdurstig und habe außerdem ganz deutliche Anzeichen von Hysterie. Bedenke bitte ...«, ich sah auf meine Uhr, rechnete, »die letzte Fütterung des wandernden Organs ist mindestens vierzehn Stunden her!«

Constantin schüttelte grinsend den Kopf. »Och ...«

»Du Schuft! Erzähl weiter!«

»Nicht hier und nicht jetzt!« Er warf ebenfalls einen Blick auf seine Uhr und ergänzte immerhin: »Eine Weile wirst du dich noch gedulden müssen. Dann erzähl ich's dir nicht nur ...«

Constantin kann mit vollkommen lapidaren Worten höchst sinnliche Versprechungen machen. Kein Außenstehender wäre auch nur im Traum darauf gekommen, dass er die hohe Kunst des verbalen Vorspiels betrieb. Aber mich konnte er damit in flammende Erwartung versetzen.

»Verstehe. Du willst nicht. Dann werde ich mich abkühlen müssen!«

Ich sprang auf, streckte dem verdutzten Constantin die Zunge raus, streifte die Schuhe von den Füßen und lief schnurstracks auf den glitzernden Teich zu.

»Bist du verrückt? Bleib hier. Himmelherrgott, renn nicht so!« Constantin spurtete hinter mir her, griff nach mir.

»Denk dir nichts dabei, ich bin schließlich hysterisch, und seit Pfarrer Kneipp weiß jedes Kind, dass kaltes Wasser beinahe jegliches Zipperlein heilt«, warf ich ihm über die Schulter zu und zog mein Lauftempo noch einmal an.

Er war schneller. Jetzt hatte er mich eingeholt, schloss mich in die Arme.

Einen Augenblick hielt ich still. Dann versuchte ich, mich ihm zu entwinden. Constantin packte blitzschnell meine Handgelenke, verschränkte mir die Arme hinter meinem Rücken und zog mich fest an die Brust. Störrisch versteckte ich den Kopf auf Höhe seines Herzens. Ja, mein Gott, war ihm denn nicht klar, was er mit seinem Testosteronbomber-Getue anrichten würde? Nichts hätte ich lieber gehabt, als mich jetzt sofort von ihm leidenschaftlich küssen zu lassen. Aber das würde den frisch gelegten Brand doch nicht löschen, sondern, im Gegenteil, kräftig anfachen. Constantin behauptete zwar immer, das wäre Quatsch, aber ich wusste genau, dass mir jeder, dem ich in der nächsten halben Stunde begegnen würde, den Effekt an der Nasenspitze ansehen würde.

»Nicht!«, jammerte ich.

»Doch!«

»Bitte. Constantin. Lass mich los. Wenn du mich jetzt küsst, bin ich nicht mehr gesellschaftsfähig, und wir müssen doch langsam mal zurück ins Schloss. Bestimmt wundert man sich schon, wo wir abgeblieben sind.«

Ich spürte seine Lippen auf meinem Haar, und jedes, ganz sicher *jedes* stellte sich auf. Eine Gänsehaut lief vom Scheitel bis unter die nackten Fußsohlen.

»Lass mich los.« Ich stampfte mit dem Fuß auf.

»Nein. Ich will dich jetzt küssen.«

»Wehe dir, wenn du das tust ...«

»Was dann?«

»Dann werde ich hier und jetzt auf dem Rasen deiner hochedlen Vorfahren über dich herfallen.«

»Ich werde solche Unartigkeiten zu verhindern wissen. Ich bin stärker.«

»Du hast keine Ahnung, welche Kräfte Hysterische entwickeln können.«

»Pfff. Dann zeig mal.«

Ehe ich michs versah, hatte er meine Gelenke in nur einer Hand, hob mit der anderen mein Gesicht zu sich hoch. Ich schloss die Augen. Wenn ich ihn jetzt anschaute, wär's vorbei mit meiner Standhaftigkeit.

»Passiert ja gar nichts«, säuselte Constantin spöttisch. »Komm, schau mich doch mal an, meine Süße. Vielleicht kann ich deinen kleinen hysterischen Anfall ja mit einem liebevollen Blick heilen. Zu der Methode gibt die Literatur zwar meines Wissens nichts her, aber unter Umständen schreiben wir ja ein neues Kapitel der Medizin.«

»Nein.«

»Na gut ... Ach, guck mal, wer da kommt.«

Mir wurde in Millisekunden heiß und kalt. Nicht doch. Nicht auch noch Publikum in dieser kompromittierenden Situation! Ich schaute auf, sah direkt in Constantins Augen.

Aus. Vorbei.

Es kam niemand. Aber er hatte mich überrumpelt, und im nächsten Moment fühlte ich seine Lippen auf meinem Mund.

Es war diese Art von Kuss, die mich sowieso immer ganz nah an den Rand der Explosion brachte. Eine Winzigkeit würde jetzt ausreichen, um die Bombe platzen zu lassen. Und diese Winzigkeit gab es jetzt dazu. Jeder hätte uns sehen können. Exponiert auf der sonnengefluteten Rasenfläche, mit einem hübschen Spiegelbild im klaren Wasser des Teiches.

Verdammt.

Verdammt egal.

Ich fühlte, wie seine Hand über meinen Busen strich, sich langsam tailleabwärts bewegte, quälend lange auf den Hüften verweilte, eine Wanderung über den Po unternahm, zu meinem Entsetzen mit geübten Bewegungen meinen weiten Rock raffte, darunter verschwand und mit einem sachten Schlenker ihr eigentliches Ziel erreichte.

Er merkte, dass ich die Luft anhielt. Ich hörte, wie er leise in sich hineingluckste. Sich absolut der Tatsache bewusst, dass er das Spiel gewonnen hatte.

Für den Bruchteil einer Sekunde hoben sich meine Lider. Dieser geradezu ekelhaft überlegene Glanz in seinen Augen!

Ein Stöhnen entfuhr mir. Eines, das ich nur allzu gern unterdrückt hätte, bewies es ihm doch nur allzu deutlich, dass er mich längst kurz vorm Höhepunkt hatte.

»Lass es zu«, flüsterte er dicht an meinen Lippen.

»Du Scheißkerl«, fluchte ich, und sein Griff wurde fester. Dann gab es kein Halten mehr. Ich bekam eine Hand frei, krallte mich in seine Schulter. Löste meine Lippen von seinem Mund, presste die Wange an seine Brust und ließ endlich zu, dass die köstlichen Wellen mich mit sich reißen konnten.

Minutenlang stand ich mit zitternden Knien in seiner Umarmung, die nun wieder nur noch zärtlich und liebevoll war. Versuchte, zu mir zu kommen. Und war baff über den sachlichen Ton, den Constantin jetzt bei seinen ersten Worten anschlug.

»Exakt so heilte man damals weibliche Hysterie. Geküsst wurde zwar nicht, aber der Orgasmus galt als probates Heilmittel. Wundert es dich noch, dass es im letzten Drittel des 19. Jahrhunderts eine ausgemachte Hysteriewelle in der Damenwelt gab?«

»Nee, oder?«

»Doch. Die Gesellschaft war ziemlich prüde. In jeder Hinsicht. Sexuell befriedigende Ehen waren nicht unbedingt die Norm. Die Vernunftehe hatte Hochkonjunktur, und junge Damen schlossen zwar höchst wohlerzogen, aber meist jungfräulich und völlig unaufgeklärt den Bund fürs Leben. Im abgedunkelten Schlafzimmer ging es eher dröge zu, und die Gattinnen durften als Mütter und Heilige natürlich nicht zu Geliebten ›degradiert‹ werden. Männer konnten sich außerhalb der Ehe ihre Befriedigung suchen. Aber für Frauen war ein Seitensprung, zumal zum lasterhaften Lustgewinn, natürlich ein sofortiger Scheidungsgrund. Es sprach sich unter den Damen der Gesellschaft wie ein Lauffeuer herum, wie sie zu ein bisschen Spaß kommen konnten. Streng therapeutisch, medizinwissenschaftlich fundiert und rundum akzeptiert. Gynäkologen holten sich einen Tennisarm vor Überanstrengung, denn die brauchten bisweilen eine ganze Stunde, bis es endlich geschafft war. Vermutlich hatten sie selten so hochexplosive Patientinnen, wie du eine wärest. Das ziemlich unklare ›Krankheitsbild‹ der Hysterie und die weithin bekannte Behandlungsmethode riefen sogar Tüftler auf den Plan. Stell dir vor: Im letzten Drittel des 19. Jahrhunderts benutzten die Ärzte schon einen dampfbetriebenen ›Manipulator‹, und zur Weltausstellung in Paris 1900 kamen die ersten elektrischen Handvibratoren auf den Markt.«

»Du erzählst mir Unfug«, maulte ich.

»Du kannst es mir wirklich glauben. Bis zur Jahrhundertwende hatte die Hysteriewelle ganz Europa überrollt, man sprach von annähernd 75 Prozent betroffener Damen.« Constantin hatte bei den letzten Worten den Arm um meine Taille gelegt und mich sachte auf meine Pumps zugeschoben, die achtlos weggeworfen im Gras lagen. »Schau an, seid ihr auch endlich angekommen, meine lieben Tantchen.«

O Schreck. In schöner Eintracht, Arm in Arm mit meinem Schwiegervater, schlenderten die beiden Tanten winkend auf uns zu. Was, wenn sie auch nur fünf Minuten früher erschienen wären? Jetzt hatten wir das Bänkchen schon erreicht, und ich konnte Constantin die aufgelesenen Schuhe aus der Hand nehmen und sie ganz in Ruhe überstreifen. Ich hatte nichts anderes gemacht als einen romantischen Barfußspaziergang mit meinem Verlobten am Weiher. Ein Räuspern noch, und dieser sinnlich belegte Unterton in meiner Stimme war weg. Bereit zur Begrüßung. Hätte Constantin mir mein Feuerwerk nicht gegönnt, so viel war sicher, hätte ich den ganzen Nachmittag lang wie eine Pornodarstellerin geklungen.

»Habt ihr euch auch vom Getümmel abgesetzt? Sehr vernünftig. Es ist ja das reinste Volksfest im Schloss. Komm in meine Arme, meine liebe kleine Faye. Großartig siehst du aus. Immer noch frisch verliebt? Ernstelchen, was sind deine Kinder doch für ein wunderhübsches Paar!«

Ich musste mich schwer zusammennehmen, um nicht loszuprusten (irgendwie war »Ernstelchen« geradezu ein Trigger, der direkten Einfluss auf mein Zwerchfell ausübte), und fiel Ernstelchens Schwester Mathilde um den Hals. Sie wiegte mich hin und her, drückte mich so kernig, wie man es der Mittachtzigerin kaum zugetraut hätte, und schob mich dann ihrer nur unwesentlich jüngeren Schwester Charlotte zu. Dasselbe Spiel.

Es war einfach herrlich, wie liebevoll und vorbehaltlos die Tanten immer mit mir umgingen. Unnachahmlich, wie sie die Gnatzigkeiten meines Schwiegervaters mit leichter Hand und einem Lachen wegwischten. Die beiden waren so tough, so lebenserfahren, und obwohl leidgeprüft, hatten sie weder ihren Humor noch ihre Zuversicht jemals verloren und sprühten vor Lebensfreude. Letzteres konnte man meinem Schwiegervater sicherlich nicht vorwerfen. Er war das jüngste Geschwisterkind, wurde wohl immer schon wie ein Nesthäkchen umsorgt, hatte wenig auszustehen gehabt. Aber wie sehr er sich im Laufe seines Lebens auch um Respekt bemüht haben mochte, bei den beiden blieb er immer der kleine Bruder. Keine zitterte vor ihm, ja, man konnte sogar denken, sie nahmen Ernst nicht allzu ernst.

»Lasst uns noch ein bisschen auf den Pfaden unserer Altvorderen wandeln«, beschloss Mathilde und griff nach meinem Ellenbogen.

Ein Seitenblick. Charlotte hatte sich bei Constantin eingehakt. Schwiegervater musste als Schlusslicht der Familienprozession allein hinterhertrotten.

Forschen Schrittes und vergnügt plaudernd »wandelten« wir los. Mathilde wollte alles wissen. Wann wir denn nun endlich Hochzeit feiern würden, wie es den Kindern ging, ob die Schafe gediehen und wie wir beruflich und finanziell zurechtkämen. Wahrheitsgemäß gab ich Auskunft. Verschwieg weder, dass ich neben Kindern, Haushalt und Schafzucht als freie Journalistin keine goldenen Berge verdiente, noch, auf wie wenig Gegenliebe unsere Heiratspläne bei Constantins Vater trafen.

»Immer noch nicht? Ernst spinnt. Ich werde ihn mir heute Abend mal zur Brust nehmen«, flüsterte sie verschwörerisch und setzte dann ziemlich laut und mit einem süffisanten Zwinkern in Richtung ihres Bruders hinzu: »Das sieht doch ein Blinder mit dem Krückstock, dass ihr beide füreinander geschaffen seid.«

»Dieser Blinde nicht, Tante Mathilde«, seufzte ich leise.

Sie tätschelte meine Hand. »Das wird schon, meine Kleine! Lass Charlotte und mich nur machen. Es muss in unserer Familie nicht immer alles so dramatisch zugehen wie bei unserer bedauernswerten Urahnin.«

»Du meinst Clara Henriette? Constantin erzählt mir gerade ihre Geschichte. Es ging nicht gut aus?«

»Warte es ab. Ich will ihm keinesfalls vorgreifen. Kaum jemand kennt die Geschichte so gut wie er, aber auch ich habe sie immer sehr geliebt. Für mich ist sie einerseits herzergreifend, andererseits hatte ich sie so verinnerlicht, dass sie mich zeit meines Lebens vor ganz bestimmten Fehlern bewahrt hat.«

Ich war elektrisiert. »Vor welchen Fehlern denn?«

»Du wirst es selbst herausfinden, Faye. Lass Constantin fertig erzählen und zieh deine eigenen Schlüsse. Wenn du alles kennst, können wir uns gern wieder austauschen.«

Kein Zweifel: Mehr würde ich nicht von ihr erfahren. Wir waren ein ganzes Stück tiefer in den Park gelangt, und jetzt wies sie auf ein säulengetragenes Gebäude im Unterholz. »Schaut mal, da ist das Mausoleum.«

Constantin bahnte uns einen Pfad durchs Gestrüpp. Meine Absätze sanken tief im weichen Waldboden ein. Für einen Moment standen wir schweigend und ergriffen vor dem Bau. Ein vielleicht acht Meter durchmessender runder Portikus, daran anschließend zwei quadratische Grabkammern. Bis hoch zur patinaüberzogenen Kupferkuppel hatte Efeu von der Grabstätte Besitz ergriffen. Engelfiguren mit entrückten Gesichtern zierten den Fries.

Satt grünes Moos wuchs auf den steinernen Stufen und machte das Eintreten zu einer rutschigen Angelegenheit. Das Sonnenlicht fiel zwischen den Säulen hindurch und offenbarte uns die Inschriften auf einer marmornen Gedenktafel. Viele

Generationen lagen hier begraben. Der letzte eingetragene Name gehörte Clara Henriette Marie.

Ich stutzte. »Nur ein Geburtsdatum für Clara, aber kein Sterbedatum? Wie kann das sein?«

Mein Schwiegervater wandte sich an mich und antwortete auf eine komische Art, die meine Verwirrung nur noch vergrößerte. »Das werden sie vergessen haben. Oder sie ist nicht gestorben, oder sie liegt nicht hier, oder es ist ihnen inzwischen das Geld ausgegangen, es machen zu lassen. Im Übrigen steht mein Name auch schon seit Jahren auf unserem Grabstein zu Hause in der Heide.«

Mit dieser Bemerkung erschreckte er mich dermaßen, dass Clara plötzlich völlig in den Hintergrund rückte. »Aber ... lieber Schwiegervater! Warum das denn? Du lebst doch.«

In diesem Moment meinte ich den »lieben Schwiegervater« übrigens durchaus ernst und konnte kaum glauben, was er antwortete.

»Nur dass ihr es wisst, woanders will ich nicht liegen, und wenn ihr nach meinem Tod all meine Kohle durchgebracht habt, vergesst ihr das doch sowieso sofort. Also habe ich den Steinmetz lieber schon mal vorher bezahlt.«

»Ernst, das ist kein guter Witz«, tadelte Mathilde mit fester Stimme und verkniff sich offenbar absichtlich die Verniedlichungsform.

»Das soll auch kein Witz sein, das ist die Wahrheit.«

Mir lief es eiskalt den Rücken runter. Was dachte er von uns?

Mein Schwiegervater überging unser aller Entsetzen völlig und rüttelte an den Türklinken zu den Grabkammern. Wir tauschten kopfschüttelnd Blicke.

»Fest verschlossen. Na, vielleicht gut so. Wären sonst wahrscheinlich längst von Grabräubern geplündert worden.«

Ich musste hier weg. Welch merkwürdige Weltsicht hatte der Mann? Hastig verließ ich den Portikus und war froh, wieder draußen in der grün gefilterten Sonne zu stehen. Constantin folgte mir.

»Er ist unerträglich. Wenn er die Blumen auf dem Grab deiner Mutter gießen geht, sieht er immer seinen eigenen Namen auf dem Stein stehen. Ich finde das makaber.«

Constantin überlegte einen Moment. »Weißt du, vielleicht hat er es auch deswegen getan, weil er sich nie von meiner Mutter trennen wollte. So stehen wenigstens für jeden erkennbar und unzertrennlich beide Namen auf dem Stein.«

»Das wäre eine Erklärung, die mir erheblich besser gefiele als diese Unterstellung, die er gerade uns gegenüber gemacht hat. Aber denkst du, so wie er sich immer gibt, ist ihm so viel Emotionalität überhaupt zuzutrauen?«

»Du kennst ihn nicht richtig …«, sagte Constantin leise und sprang den Geschwistern zu Hilfe, die gerade die rutschigen Stufen des Mausoleums heruntergeschliddert kamen.

Nein, vielleicht kannte ich ihn wirklich nicht richtig. Constantins Worte machten mich nachdenklich. Dieser Ausbund an Gemeinheit musste irgendeine Ursache haben. So wurde kein Mensch geboren, so wurde ein Mensch erst durch irgendwelche, mir nicht bekannten Ereignisse.

* * *

Gemeinsam strebten wir wieder dem Schloss zu. Je näher wir kamen, desto deutlicher waren Gelächter und Kindergeschrei zu hören. Es klang tatsächlich wie auf dem Jahrmarkt. Ein mit Pferdchen bestücktes Karussell dudelte eine Rummelplatz-Rumtatamusik, quietschend vor Vergnügen sprangen Kinder auf einer Hüpfburg herum, scheppernd fielen die Dosen in einer Wurfbude, sogar das schlappe »Paff« von Luftgewehren war zu vernehmen. Der Duft von Bratwürsten und gebrannten Mandeln lag in der Luft.

»Warum muss die Wiedereinweihung unseres Familiensitzes eigentlich zum Volksfest verkommen?«, fragte mein lieber Schwiegervater mürrisch in die Runde.

»Nun lass doch die Leute, Ernstelchen«, besänftigte Charlotte.

»Weil es schon bei unserem Großvater Tradition war, das Volk einzubeziehen!«, schoss Mathilde für ihre sanften Verhältnisse ausgesprochen scharf.

»Weil wir nicht mehr im 19. Jahrhundert leben und die Zeiten des Feudalismus längst vorbei sind?«, schlug ich, meiner sozialdemokratischen Gesinnung entsprechend, vor.

»Dieser Einwand konnte aber auch nur von dir kommen«, zischte der Alte.

»Und sie hat recht«, pflichtete Constantin mir bei, was ihm einen giftigen Blick seines Vaters und einen bemerkenswert arroganten Spruch eintrug: »Mein leiblicher Sohn verrät unsere ureigensten Privilegien.«

»Boah«, entfuhr es mir. Fieberhaft suchte ich nach Ablenkung von dieser unsäglichen Diskussion und fand sie in einem von Gras überwucherten Bruchsteinhügel, der dicht am Wegesrand zu erkennen war. »Was ist das?«

»Das sind die Überreste des berühmten gräflichen Weinkellers, Fräulein Impertinentia«, säuselte mein Schwiegervater.

»Sic transit gloria mundi«, ätzte ich und freute mich diebisch über meine Schlagfertigkeit.

»Tja«, schaltete Constantin sich dazwischen, denn seinem Vater fiel bemerkenswerterweise keine Gegenrede ein, »hier war ein Feuer dafür verantwortlich, dass der Glanz der Welt verging. Nicht etwa eine bürgerliche Revolution, die den Adel abgefackelt sehen wollte, sondern schlicht und einfach ein vernichtender Großbrand.«

»Über den du mir berichten wirst?«, fragte ich.

»Über den ich dir berichten werde! Sobald wir meine liebe Familie gemütlich unter einem der schattenspendenden Sonnenschirme im Garten untergebracht haben und ich endlich einen großen Pott Kaffee kriege. Den brauche ich nämlich jetzt.«

Juli/August 1851

Die Monate ohne Martin erschienen Clara wie eine Ewigkeit. Kaum ein Tag verging, an dem nicht einer der beiden einen neuen Brief in Händen hielt. Aber was waren schon Worte gegen die quälende Sehnsucht? Clara pflegte ihre Papierbögen inzwischen mit dem geliebten französischen Jasminparfum zu bestäuben, das Martin so sehr gefiel. Sie hatte es damals in der Schweiz entdeckt. Hier war es nicht zu bekommen, aber ihre liebe Freundin, die Freiin zu Waldenburg, schickte die winzigen Flacons regelmäßig aus Paris. Inzwischen hatte man Bernadette an einen wohlsituierten Comte verheiratet, der zwar etliches älter war als sie, aber ihr jeden Wunsch von den Augen ablas. Sie schien glücklich zu sein und schrieb häufig kleine Briefchen. Offenbar hegte die Comtesse die Idee, Clara Henriettes »Aufklärungsarbeit« habe sie so gut auf die Ehe und die »Sache mit den Männern« vorbereitet, dass sie sich ihr gegenüber zu ewiger Dankbarkeit verpflichtet fühlte.

Seit Anfang Juli liefen die Vorbereitungen für die Verlobungsfeier, welche an Claras siebzehntem Geburtstag stattfinden sollte. Der Graf, der sich der Liebe und Anerkennung seiner auf dem Rittergut arbeitenden Leute und der gesamten Bevölkerung sicher sein konnte, hatte beschlossen, aus diesem

Tag ein Fest für alle zu machen. Folglich veranlasste er nicht nur den Druck von Einladungskarten für den erweiterten Familienkreis, sondern ließ die Bevölkerung auch mithilfe der örtlichen Gazette wissen, dass sie mit »Kind und Kegel« herzlich willkommen sein würde.

Eines nur ließ er alleweil offen: wer es sein würde, dem seine älteste Tochter anverlobt werden sollte.

Lange wurde im Schloss darüber diskutiert, wie diese Geheimnistuerei sich auf den Einladungskarten darstellen ließe. Der Graf erwog, statt Martins Namen ein Fragezeichen setzen zu lassen, verwarf den Gedanken aber wieder und entschied, es damit bewenden zu lassen, den zukünftigen Bräutigam einfach gar nicht zu nennen.

Clara gefiel das väterliche Umgehen mit der Sache überhaupt nicht. Nach einigen Tagen der Zurückhaltung fasste sie sich ein Herz und stellte den Vater zur Rede. Sie hätte Martins Identität nur allzu gern erwähnt gesehen und keinerlei Scham verspürt, die baldige Verlobung mit ihm in alle Welt hinauszuposaunen.

Was war denn jetzt anders? Jeder wusste doch um ihre jahrelange enge Verbindung. War es dann nicht folgerichtig, dass sie auch bald ein Ehepaar sein würden?

Eine Vermählung, so erklärte der Vater mit sehr ernstem Gesicht, sei doch etwas ganz anderes als eine geduldete Kinderfreundschaft. Er trachte danach, erst vollendete Tatsachen zu schaffen, und wolle vermeiden, dass Getuschel über diese »doch recht unstandesgemäße Verbindung« einen Schatten auf die junge Liebe werfen würde.

Clara war nicht zufrieden mit diesen Auskünften. Aber was blieb ihr anderes übrig, als sie hinzunehmen und sich mühsam in Geduld zu üben?

Getuschel allerdings, das schürte der Graf natürlich mit seinem Vorgehen umso mehr. Ein Ereignis im Juli goss dann viel frisches Wasser auf die Mühlen des Tratsches. Aus England reiste ein gewisser Sir William Henry Fox Talbot nebst Gehilfen an. Sein Gepäck erschien den Leuten höchst suspekt, denn er führte eine ganze Reihe merkwürdiger Gerätschaften mit sich, wie eine der Mägde im örtlichen Gasthof atemlos allen Anwesenden brühwarm mitzuteilen beliebte. Sollte dieser wenig attraktive, ältere Brite mit seinen krausen Koteletten und dem hohen Zylinderhut etwa Clara Henriettes Zukünftiger werden? Die Frauen im Ort begannen schon, Mitleid mit der schönen jungen Gräfin zu haben. Der Graf jedoch amüsierte sich fürstlich über diese Entwicklung, lenkte sie doch vom wahren Bräutigam so trefflich ab.

Clara schrieb in diesen Tagen einen Brief an Martin, dessen Ton zwischen Belustigung und Ärger schwang:

Liebster Martin,
Papá macht mich ganz verrückt mit seiner Geheimnistuerei um Deine Person. Ich weiß nicht, ob ihn irgendein Aberglaube treibt, es könnte uns Unglück bringen, wenn jeder weiß, dass Du es bist, dem ich mein Herz geschenkt habe. Vielleicht ist er aber auch zu unmodern veranlagt, um vor aller Welt einzugestehen, dass ein Mann, der nicht von Adel ist, die Hand seiner Tochter bekommen wird. Mir scheint es, als wolle er erst am Verlobungstag »die Katze im Sack« haben, damit nichts mehr unsere Pläne durchkreuzen kann. Als ob Papá sich selbst jemals um solche Konventionen geschert hätte!

Nun hat er über seinen Stiefsohn aus erster Ehe, den Prinzgemahl Albert, einen Rat bekommen und den Neffen einer englischen Hofdame zu uns beordern lassen, der als

Kapazität auf dem Gebiet der Fotografie gilt. Gestern ist er angereist. Und was soll ich Dir sagen? Das ganze Städtchen glaubt nun, dieser ältliche Knacker wäre mein Auserwählter!

Martin, er ist sehr hässlich. Er hat gelbe Zähne vom vielen Teetrinken und ständig die Meerschaumpfeife im Mund. Aber er ist hier, um Fotografien von mir anzufertigen, die dem Maler später als Vorlage für mein Porträt dienen sollen. Ich bin ganz froh darüber, denn es graute mir schon davor, bei der momentanen Hitze für jeden Pinselstrich stundenlang Modell stehen zu müssen. Sicherlich würde ich dabei das wundervolle Kleid verderben. Ich möchte doch, dass es ebenso jungfräulich bleibt, wie ich es bin.

Ich musste dem Fotografen versprechen, dass er meine Bilder später auch ausstellen darf. Er macht mir ständig Avancen und Komplimente über meine »makellose Schönheit«, wie er es nennt. Meine Zustimmung bekam er als Gegenleistung für sein Versprechen, einen besonders schönen Abzug für Dich zu erstellen.

Oh, wenn doch die nächsten Wochen nur schnell vorübergehen würden. Ich sehne mich so sehr nach Dir!

Papá ruft mich, ich muss enden.
Deine Dich unendlich liebende

Clara Henriette

Trotz der ausgezeichneten Vorlagen, die Talbot dem Künstler lieferte, wurden es am Ende doch viele Stunden, die Clara bewegungslos in Positur verbringen musste. Gott sei Dank wählte der Maler die frühen Morgenstunden für die Sitzungen, sodass die Sonne noch längst nicht all diese mächtige Glut hatte entfalten können, mit der sie seit Wochen das Land ausdörrte. Die Augustäpfel hatte man schon im Juli geerntet, der Weizen war frühzeitig eingebracht worden, denn die Körner hatten sich wegen des fehlenden Niederschlags einfach nicht weiterentwickelt und waren klein und trocken geblieben. Früh fürs Jahr waren die Scheunen auf dem Rittergut rund um das Schloss herum gefüllt worden.

Clara bemühte sich nach Kräften um Ablenkung und verbrachte viele heiße Nachmittage mit den kleinen Schwestern am Fluss. Mit unendlicher Geduld unterwies sie dort die Mädchen im Schwimmen. Die Abende vertrieb sie sich leidenschaftlich lesend mit Ellis Bells Roman »Sturmhöhe«. Im Internat hatte sie es zu gewissen Grundkenntnissen der englischen Sprache gebracht und nun die englische Originalversion in Händen, um sich zu üben. Es hatte sie gewurmt, wie schwer es ihr gefallen war, Konversation mit Talbot zu betreiben, und ihr Ehrgeiz war geweckt. Akribisch versuchte sie mithilfe des Wörterbuches, den Text ganz und gar zu verstehen.

Hin- und hergerissen zwischen Sympathie und Antipathie für den Romanhelden Heathcliff, zog Clara ganz persönliche Schlüsse aus ihrer Lektüre. War der, wenn auch faszinierende, so doch zweifellos teuflische Heathcliff erschienen, um das Aufbegehren der Unterschicht gegen die herrschende Klasse zu symbolisieren? War nicht auch Martin weniger privilegiert? Wäre es nicht auch ihm aus eigener Kraft und ohne die Hilfe des Grafen unmöglich gewesen, die Leiter der gesellschaftlichen Stufen zu erklimmen? Natürlich, so tief wie im Roman waren die sozialen Gräben hier nicht, denn Martin stammte aus keinem Armenviertel, sondern war der Sohn des angesehenen Pastors. Abgesehen davon, dass Martins Charakter sowieso nicht mit Heathcliffs vergleichbar war, herrschten Frieden und eingeschworene Freundschaft zwischen Martin und Claras Bruder Alexander. Selbst wenn Vater nicht mehr wäre, was der liebe Gott verhüten mochte, würde Martin niemals in einen Abgrund aus Armut, Verachtung und der Verzweiflung folgender Verrohung stürzen. Dennoch, ihre schwärmerische Auseinandersetzung mit dem Text ging ihr sehr nah, wies sie doch unbestreitbar eine besondere Parallele mit der Geschichte der Hauptfiguren auf: Clara und Martin. Martin und Clara. Eine untrennbare Einheit. Wie ein einziges Wesen.

Ganz so wie Heathcliff und seine ungestüme Geliebte Catherine. Nur eines, das wusste Clara genau, würde sie niemals tun: so unendlich dumm sein wie Catherine. Geradezu wütend wurde Clara, als Catherine dem so verzweifelt Bittenden jenen Kuss abschlug, der die ganze Tragödie hätte verhindern können. *Das* würde ihr niemals passieren.

Überdies bescherte die Lektüre stellenweise sogar angenehmes Gruseln. So sehr, dass Clara sich ihres eigenen, höchst komfortablen Status sehr bewusst wurde. Wie schrecklich öde und einsam mussten die rauen Küsten und kahlen Moore Englands sein. Wie kalt und ungemütlich erschien ihr die Atmosphäre der »Wuthering Heights«. Wie gut, dass sie hier leben durfte! Wie gut, dass weder ihr noch Martin jemals ein so schreckliches Schicksal drohen würde.

Die Nächte, in denen sie sich nach Martin verzehrte, wenn sich ihre Ungeduld ins Unermessliche steigerte und die Sehnsucht sie immer mehr an den Rand des Unerträglichen trieb, waren am schwersten auszuhalten. War sie endlich eingeschlummert, geschah es jetzt öfter, dass sie wieder durch das Schloss geisterte. Thekla, die einen leichten Schlaf hatte, folgte Clara mehrfach leise und unauffällig, um sie schließlich sanft bei der Hand zu nehmen und ins Bett zurückzugeleiten. Angst und bange um die große Schwester war es ihr geworden, als sie Clara eines Nachts auf den schmalen Steinstufen erwischt hatte, die zum Turm hinaufführten. Seither ließ sie die Verbindungstür zwischen den Mädchenzimmern nachts stets offen. Nach wie vor schadeten die nächtlichen Ausflüge Clara in keiner Weise. Thekla jedoch bekam zunehmend dunklere Augenringe unter der zarten Sonnenbräune, die sie beim nachmittäglichen Schwimmunterricht erworben hatte. Häufig geschah es, dass sie im Schatten der Uferbäume dann ein wenig des versäumten Nachtschlafes nachholte.

* * *

Drei Tage vor der Feier traf Claras Bruder Alexander aus Wien ein. Clara hatte zu einem fröhlichen Plausch bei Emma in der Küche gesessen und das Vorfahren der Kutsche zu spät bemerkt, um ihm einen würdigen Empfang zu bereiten. So begegnete sie ihm erst, als er schon an der Seite des Vaters die Halle durchschritt. Der alte Graf machte ein besorgtes Gesicht, und als Clara den Bruder vergnügt umarmen wollte, nahm sie deutlichen Alkoholdunst wahr. Nicht einmal die akkurat sitzende Uniform der Husarenoffiziere konnte darüber hinwegtäuschen, dass sein Gesamtbild unordentlich und vernachlässigt wirkte.

Clara stockte einen Wimpernschlag, und gleichzeitig schob der Vater sie mit entschlossener Handbewegung beiseite. »Später, Clara. Ich habe zunächst eine Unterredung mit Alexander zu führen.«

Wo war Vaters Fröhlichkeit geblieben, die ihn in den vergangenen Wochen wirken ließ, als sei er frisch einer Quelle ewiger Jugend entstiegen? Was für schlechte Nachrichten brachte der Bruder mit? Was war mit ihm geschehen, mit dem aufrechten, stets so korrekten jungen Mann, als den sie ihn immer gekannt hatte? Starr blieb sie in der Halle stehen und sah zu, wie sich die Tür des Rauchzimmers mit einem Knall hinter den Männern schloss. Zurück blieben böse Schwingungen, die Clara das Herz schwer machten.

Überhaupt konnte sie sich in den folgenden Tagen des Eindrucks nicht erwehren, dass irgendetwas Schreckliches auf sie zukam. Oder ob doch nur die Romanlektüre unselige Spuren hinterlassen hatte? Weder Alexander noch ihr Vater verloren ein einziges Wort über das, was es zu besprechen gegeben hatte. Aber beide waren auffallend reserviert. Einige Versuche machte Clara, um etwas zu erfahren. Aber die Münder beider blieben versiegelt. Immerhin konnte sie keine Anzeichen von Trunkenheit mehr an ihrem Bruder feststellen. Auch das überlange Haar ließ er sich stutzen, den unordentlichen Bart abnehmen und wirkte wieder so gepflegt, wie sie es von ihm gewohnt war. Die graue Gesichtsfarbe aber, die blieb genauso wie die steile Sorgenfalte zwischen seinen Augen.

30. August 1851

Endlich war es so weit. Das Schloss war von einem ganzen Bataillon Helferinnen aus dem Ort unter Emmas strenger Kommandantschaft vom Keller bis zum Dachboden gewienert worden. Das Silber war ebenso auf Hochglanz poliert wie Kronleuchter und Kristall, die zahlreichen Gästezimmer waren gerichtet, und das Haus war in ein Blumenmeer verwandelt. Im Saal spiegelte das Parkett gefährlich glatt dem abendlichen Ball entgegen. Eine beachtliche Dienerschaft war allein für diesen Anlass verpflichtet worden, und aus der Küche zogen die köstlichsten Düfte herauf. Unzählige hübsch dekorierte Tische luden unter hellen Sonnenschirmen auf der Terrasse und im Park zum entspannten Verweilen ein. Ein kurzer Gewitterschauer hatte gestern dem gelbbraun verdorrten Rasen wieder etwas Grün eingehaucht und den Staub von den Bäumen gewaschen. Heute jedoch schien die Sonne vom tiefblauen Augusthimmel, und es war nicht zu erwarten, dass auch nur ein einziges Wölkchen ihr Strahlen trüben würde.

Seit der Mittagszeit fuhr nun schon Kutsche um Kutsche vor und entließ eine fröhliche Gesellschaft mehr oder weniger naher Verwandter und Freunde der Familie. Der Graf wirkte äußerst aufgeräumt, und selbst Alexander hatte seine Sorgenfalte heute glatt gebügelt.

Nun fehlte nur noch Martin. Aber Clara wusste, dass er erst am frühen Nachmittag eintreffen und bis zum Beginn des Balles im Hintergrund bleiben sollte. Vater hatte sich für diesen Tag eine ganz besondere Choreografie der Abläufe ausgedacht, und sie wollte ihm ganz gewiss nicht den Spaß daran verderben. Obwohl ihre Spannung von Stunde zu Stunde stieg, hielt sie sich tapfer. Umringt von einer ganzen Schar Herren saß sie in einem entzückenden pfirsichfarbenen, mit winzigen Paradiesvögeln besticktem Seidenkleid im Garten und hielt Hof. Wo sie denn, um Himmels willen, ihren zukünftigen Mann kennengelernt hatte, war die alles bestimmende Frage der jungen Männer. Sie hätte doch noch gar nicht debütiert. Clara schwieg und lächelte geheimnisvoll. Rasend schnell füllte sich ihre Tanzkarte. Wenigstens ein paar Drehungen mit ihr, der zauberhaftesten unter allen anwesenden Frauen, wollte man sich doch nicht entgehen lassen! Clara war großzügig. Nur den Walzer direkt vor dem großen Feuerwerk, bei dessen Ende endlich der Vorhang gelüftet und die Verlobung bekannt gegeben werden sollte, hielt sie selbstverständlich eisern für Martin frei.

Am Ende war sie gezwungen, allerhand Körbe zu verteilen. Allerdings tat sie das mit so vollendeter Anmut und Liebenswürdigkeit, dass niemand brüskiert sein konnte. Sie ließ ihren Charme nur so sprühen und versprach den leer ausgegangenen Herren als Trostpflaster kleine Zusammentreffen im Verlauf der Festlichkeiten. Dabei hingen doch eigentlich ihre Gedanken nur Martins Erscheinen nach. Hin und wieder hatte sie das Gefühl, ganz außerhalb ihrer selbst zu stehen und sich zu beobachten. Wie selbstverständlich doch der jungen Dame unter dem pfirsichfarbenen, spitzenverzierten Sonnenschirmchen oberflächliche Plaudereien über die Lippen kamen, wie sicher sie über das gesellschaftliche Parkett schwebte.

Umso zufriedener war sie mit sich – bewunderte sich beinahe ein wenig dafür, dass es so gut gelang, sich zu teilen.

Am späten Nachmittag traf Bernadette von Weidenbach, nun verehelichte Comtesse de Coligny, ein. Clara sah sie schon von Weitem im neuesten Pariser Chic über den Rasen eilen, im Schlepptau ihren sehr eleganten, aber wirklich deutlich älteren Ehemann. Clara entschuldigte sich mit graziöser Geste im Kreise ihrer Anbeter und lief ihr entgegen.

»Was für eine Freude, dich hierzuhaben, Bernadettchen!«, rief sie in die stürmische Umarmung. »Lass dich anschauen. Größer bist du immer noch nicht, aber wunderhübsch bist du geworden. Die Ehe scheint dir gutzutun.«

»O ja, das kann man wohl sagen«, lachte Bernadette. »Darf ich dich mit meinem Gatten bekannt machen? Schau, François, das ist meine allerliebste Freundin Clara Henriette, von der ich dir so viel erzählt habe.«

Diese Bemerkung löste bei Clara einen kleinen Schreck aus. Was mochte sie alles ausgeplaudert haben? Welchen Eindruck musste er von ihr haben, wenn sie zu viel Intimes preisgegeben hatte?

Der Comte schien jedoch völlig vorurteilsfrei, und seine Verbeugung, sein Handkuss waren formvollendet. Mit einem offenen Lächeln schaute er Clara an, und sie war für das Seelenleben der Freundin beruhigt, dass sie nicht etwa, wie befürchtet, in das Gesicht eines »alten Knackers« in der Art Sir Talbots, sondern in ausgesprochen attraktive, wenn auch bereits gereifte Züge schaute.

Unbedingt wollte sie jetzt ein Viertelstündchen mit Bernadette allein verbringen. Da kam es ihr gerade recht, dass ihr Vater in Rufweite war und sie den Comte für eine Weile dessen Gesellschaft überlassen konnte. Von einem vorbeigetragenen Tablett schnappte sie flink zwei Gläser der berühmten

Péter Nádas

SCHREIBEN ALS BERUF

ROWOHLT

Schreiben als Beruf, entstanden
im Auftrag des Kunstvereins Wien.
Aus dem Ungarischen von Christina Viragh.

Haydn im Plattenbau, entstanden im Auftrag der
Joseph Haydn Stiftung Basel für das Projekt Haydn2032,
zuerst erschienen online in *Republik*, Zürich, 2021.
Aus dem Ungarischen von Christina Viragh.

In den Farben der Dunkelheit, zuerst erschienen im
Journal der Künste der Akademie der Künste, Berlin, 2020.
Aus dem Ungarischen von Heinrich Eisterer.

Originalausgabe
Veröffentlicht im Rowohlt Verlag,
Hamburg, November 2022
Copyright © 2022 by Rowohlt Verlag GmbH, Hamburg
Copyright © 2020, 2021, 2022 by Péter Nádas
Satz aus der Janson
bei Pinkuin Satz und Datentechnik, Berlin
Druck und Bindung CPI books GmbH, Leck, Germany
ISBN 978-3-498-00338-8

INHALT

Haydn im Plattenbau
7

In den Farben der Dunkelheit
29

Schreiben als Beruf
45

HAYDN IM PLATTENBAU

Aus dem Plattenbau am Stadtrand, wo wir wohnten, vom achten Stock oben, sah man bis in die unendliche ungarische Einöde, die Puszta hinüber. Nicht etwa, dass sie mit Leere gleichbedeutend ist, bei Weitem nicht, die Puszta hat eine reiche Flora und Fauna. Die verbreitetste Pflanze ist die Trespe, und in den Löchern dieses uralten, abgewetzten gelben Teppichs wachsen, gezählt habe ich sie zwar nicht, aber gut und gern weitere tausend Pflanzen, die Frühlings-Adonisröschen, das violette Kleine Knabenkraut, die Bastard-Schwertlilie, im Buschwerk der Sumpffarn, keine Angst, ich werde nicht alle aufzählen, auch wenn ich hier das gesamte Inventar der Pusztabotanik vor mir habe. Also, nicht einmal in der Einöde ist es öd und leer. Und wo Wasser durch die Oberfläche bricht und Quelle eines Bächleins oder einer kleinen Wasserader wird, um dann mit flachländischer Unverzagtheit in irgendeine Richtung zu rinnen, entstehen richtige Haine, Gruppierungen von Stieleichen, von Pappeln, die bei jedem

Lufthauch silbrig aufblitzen, von kurzlebigen Birken, das Ganze gesäumt von einem Ensemble aus Weißdorn, Sanddorn und dem gelb blühenden Geißklee, als folgte es dem Plan eines Landschaftsarchitekten. Große Herren bauen sich an solchen lieblichen Orten ihre Sommerschlösschen.

Nicht einmal da, wo wirklich nur das Nichts gedeiht, bleiben Leerstellen. Das sogenannte Natürliche, das Haydn, zumindest am Anfang seiner Laufbahn, so lebhaft erfasst und verfolgt, kennt zwar die Lücke zwischen zwei Tönen, wie denn nicht, aber Leere ist auch ihm fremd. Diese wird sogleich ausgefüllt, aufgefüllt, bewohnt, organisiert. Die Pause hat eine größere Masse als die Töne. Mit der Leere mögen sich die Malerei, die Physik herumschlagen. Haydn operiert mit der Symmetrie gegen die Stille, geht mit dem Harmoniebedürfnis gegen die Lücke an. Das ist die große Lektion des Klassizismus, dieses streng Symmetrische, Zuverlässige, fast schon kasernenhaft Disziplinierte. Die Welt selbst ist ja nichts als Wiederholung und Variation. Haydn entführt uns ins leicht theatralisch, leicht ironisch aufgefasste Unendliche. Der Wind bläst Sand darauf, der auch nicht aus nichts besteht, sondern aus Siliziumkristallen. Man hört das Gerieseil, die Partikel klackern gegeneinander. Mein lieber Freund Péter Esterházy hingegen brüllt in meinem wohlgepflegten, von mir selbst angelegten riesigen Garten, als ich ihn zu einem Rundgang einlade und er mit eigenen Augen sehen kann, wie schön mein auf den Hügelabhang gepflanzter Mischwald gedeiht, er hasse die Natur.

Ich hasse die Natur.

Was soll man da sagen, dann hasse sie eben, mein Bester.

Mit Verliebten lasse ich mich nicht auf Diskussionen ein.

Er sei Teil von nichts, brüllt er zwischen die schlanken Setzlinge hinein.

Ein Schwärmer, das bist du, Péter Esterházy.

Denn dort, wo auf der ungarischen Puszta, dem einstmaligen Meeresboden, wirklich nichts wächst, fast nichts, praktisch nichts, schlagen nach mehreren Jahrmillionen immer noch die Salzblumen des Meeresbodens aus. Mangels Leere können sie nicht anders. Sie wissen nicht mehr, wohin mit sich selbst. So sehr nicht, dass der gequälte Boden unter ihnen nicht einmal mehr sichtbar ist, sie decken ihn in dicker Schicht, so viele sind es.

Exakt so viele, wie es kein Wasser gibt. Die vielen Salzblumen gehen den Gesetzen der Kristallisierung folgend gleichmäßig ineinander über. Auf die Art sprießen bei dir die vielen barocken Satzblumen der Intelligenz, du neunmalkluger Esterházy. Und du kannst in meinem Wäldchen noch so gegen deine Natur anbrüllen, wenn du ja doch in deiner Vergangenheit und Zukunft schwelgst.

So habe ich, falls man mich richtig versteht, in diesen ersten neun Absätzen nebenbei vorgeführt, auf welche Art längere und kürzere Sätze rhythmisch aufeinanderfolgen, auf welche Art ich mit ihnen Raum und Zeit gliedere, auf welche Art ich den Zeitstrom aufhalte, auf welche Art und wann ich etwas weiterführe, auf welche Art ich vor und zurück verweise, auf welche Art ich Symmetrie und Asymmetrie herstelle, auf welche Art meine Akzente steigen und fallen, auf welche Art die Aussage abgestumpft oder verschärft wird, also, auf welche Art man aus Wörtern und Bezügen das Thema aufbaut und woran man die Melodie der Muttersprache festmacht. Auf welche Art man etwas aus der Alltagssprache höher hebt, auf welche Art man das Hochgeschraubte, das Literarische, das Obszöne verwendet, beziehungsweise wie man mit dem allem das nächstgrößere Strukturelement der Textkomposition herausarbeitet, den Absatz.

In einem Prosatext baut sich die Aussage aus Absätzen auf. In der Aussage muss auch enthalten sein, was nicht auf dem Papier steht. So entsteht das harmonische Gesamt von Klang, Intervall und Bedeutung.

Um die Wahrheit zu sagen, ich habe als junger Mann bei Meister Haydn Kontrapunkt studiert.

Dort das System der Tongruppen, hier die Bedeutungsvermehrung, die sehr schwer in einer einzigen Tonart zu halten ist. Obendrein ist nur ein Teil der in Tonarten gegliederten Bedeutungen auf der Partitur notiert. Der Rest entsteht meinem Gehör entsprechend in der Materie meines Geistes.

Womit ich nur sagen will, dass die Verwendung der Sprachmusik etwas viel Persönlicheres ist als die der grammatikalisch korrekten Aussage. Nichts gegen die Korrektheit und nichts gegen die Aussage, nur muss man das Übergewicht der stummen Poetik im Auge behalten. Das hat mir Herr Haydn tüchtig eingebläut. In seine Stunden ging ich hier im Plattenbau. Ich brauchte sie nicht einmal zu bezahlen. Dankbar bin ich auch nicht. Zuvor war ich zu Bartók gegangen, maßlos viel zu Beethoven, maßvoll zu Mozart, Bach kommt dann einiges später und hört nicht auf. Vorher musste ich noch lange Jahre zu Gluck, zu Wagner.

Wenn man so im Lauf der Jahre da oben im achten Stock auf einen der Häuserfabrik-Balkone hinaustrat, konnte man durchaus lustvoll auf die jenseits der Eisenbahnschienen gelegenen näheren und ferneren Höfe des mit Einfamilienhäusern aufgefüllten Straßennetzes hinunterblicken. Dahinter hörte die Stadt dann wirklich auf.

Es gab kahle, es gab üppigere, es gab gepflegte und peinlich verlotterte Höfe. Sie waren nicht dafür geschaffen, dass man von oben im Plattenbau in sie hineinstarrte. In den meisten Höfen stand ein ausladender Nussbaum. Diese wunderschönen Nussbäume, die im Zeichen des geborgenen Familienlebens seit rund sechzig Jahren hier wuchsen, wurden etwas später von einer Kraftmaschine an den Stämmen gepackt und so lange geschüttelt, mitsamt ihrem dichten Laub geschüttelt, bis sie alle aus dem Boden herausgedreht waren. Die Leichen wurden auf Zügen abtransportiert. Die Einfamilienhäuser bescheidenen Ausmaßes und mäßiger Ansprüche wurden abgerissen. Verblüfft starrte man von oben in die leeren Kellermägen. Und doch sind es nicht die gottverfluchten Zerstörungsexperten von Städteplanern, die sagen, was ästhetisch besehen einen Wert hat, sondern ich sage es, mit Sätzen, die meinem musikalischen Musterbuch und der Musikalität meiner Muttersprache entspringen.

Ich füge meine Wörter so eng aneinander, dass niemand Klang und Bedeutung meiner Sätze trennen kann. Auch darüber haben Esterházy und ich einmal gesprochen, dass im Text nicht nur Satzteile und Sätze, die dastehen, eine Bedeutung haben, sondern auch die, die wir aus irgendeinem Grund gestrichen haben. Anstelle des Gestrichenen bleibt das Nichts erhalten. Was dem Text eine beispiellose Sicherheit gibt.

Wie schön bin ich herangewachsen, sagt der Pilz zu sich, wie prächtig ist mein Hut, wie reich werde ich meine Sporen ausstreuen.

Es gibt auch keine Gnade.

Keine Vergebung.

Natürlich kommt heute mein Freund zu spät.

Interessantes Phänomen, dass er in den folgenden Jahrzehnten unserer Freundschaft nie mehr zu spät kommen wird. Warum er es beim ersten Mal so gewaltig tat, hat er nie erklärt. Er erwartete von mir, dass ich mich freue, als er endlich kam. Seine reine Existenz eine frohe Botschaft, und ich freute mich tatsächlich. Viel später einmal, in Amsterdam, schon weit drinnen im Wald unserer Freundschaft, war er es, der mich bezichtigte, zu spät zu sein. Ich bin nie zu spät. Er platzte fast vor Wut, so wie er dort bleich in der Hotelhalle stand, weil ich ihn hätte warten lassen.

Ihn, das Oberhaupt, den Repräsentierschriftsteller, das Gewissen der Nation, den unvergleichlichen Großen, diesen Esterházy, den Häuptling des Stamms, nach dem ein europaweit bekannter Rostbraten sowie eine Torte benannt sind. Seine Leser sind auch da und tragen ihm, damit er ja keinen Augenblick Hunger leidet, ausgesuchte Leckerbissen zu.

In Selbstdisziplin konnte auch er sich sehen lassen. Er schrie nicht in seiner furchtbaren Wut, er brüllte nicht, sondern beugte sich mir richtiggehend ins Gesicht und zischte schwer atmend zwischen zusammengepressten Lippen.

Du bist zu spät.

Zu spät, na hör mal.

Du bist zu spät.

Zu meinem Glück hing über der Rezeption eine goldbarocke Wanduhr mit großem Sekundenzeiger, ich zeigte darauf, schau doch selbst, mein lieber Freund, und tatsächlich, in diesem Augenblick ruckte der große Zeiger auf die abgemachte Zeit.

Ich stehe hier und warte und mache mir Sorgen, zischte er. Als wäre auch seine Besorgnis eine Tugend.

Aber wieso Sorgen, ich verstehe das nicht, ich bin ja rechtzeitig da.

Dass dir etwas zugestoßen ist.

Was hätte mir zustoßen sollen, entschuldige schon.

Ich habe sogar bei dir angerufen.

Ach, wirklich, dann warst du das.

Du bist nicht drangegangen.

Eben, um mich nicht zu verspäten. Um zur abgemachten Zeit hier zu sein. Und jetzt bin ich hier. Und was kann ich sonst noch für dich tun.

Aber was machtest du, warum bist du nicht ans verdammte Telefon.

Ich war zwanzig Sekunden zu früh da. Komm zu dir, Péter, ich bin zur abgemachten Zeit da.

Aber warum gehst du nicht ans Telefon, wenn ich dich anrufe.

Da konnte ich nur noch lachen. Woher soll ich denn wissen, dass er es ist, wenn ich nicht drangehe.

Also gut, ich kann ja ausnahmsweise sagen, warum ich nicht ans Telefon bin. Ich bin nicht ans Telefon, weil ich gerade kackte. Es kam mir gerade zum Arsch heraus, und ich wollte ihn auf dem Bidet noch anständig waschen. Höllisch anständig, wie ich bin. Um dann nicht einmal zu spät zu kommen, um zwanzig Sekunden zu früh hier zu sein.

Damit endete der Dialog über meine Verspätung ein für alle Mal.

Es tat mir aber doch enorm gut, dass die liebevolle Besorgnis meines Freunds groß genug war, sekundenschnell in Hass umzuschlagen.

Jetzt aber war noch alles unversehrt. Die Häuser, die Höfe, die Nussbäume, die Zäune und unsere Freundschaft. Nichts störte in dieser Stunde die Ruhe des ins Unendliche strebenden peripheren Straßennetzes. An jedem Straßenrand stechen kleine Ausrufezeichen, turmhohe Pappeln, in den blassen Himmel. Auch die werden ausgerissen werden. Über dem Ödland ist der Himmel blass. Die Straßen, auf denen sich jetzt kurz vor Mittag niemand zeigt, werden von gestutzten Buchenhecken, Buchssträuchern, Ligusterhecken, unordentlichen Goldrauten, tobendem Jasmin und verstaubten Fliedersträuchern gesäumt. Es ist allerdings nicht leicht zu sagen, was Freundschaft ist. Für eine Antwort wende ich mich meistens an Aristoteles. Es verkehren auch keine Autos, die den Staub aufwirbeln würden. Auch kein Zug fährt durch, kein Geratter, kein Gepfeife auf diesem öden Bild am Stadtrand. Bis doch menschliche Rufe zu hören sind. Der Blick folgt ihnen blind. Er kann nicht anders. Ob wir es wissen oder nicht, wir arbeiten mit allen unseren Sinnen synchron. Eine junge Frau kommt auf die Terrasse eines der Häuser herausgelaufen, eine wahre Athletin, weiter über drei Stufen hinunter auf den Rasen. Unter dem Arm ein protestierendes, nacktes kleines Kind. Das dichte Laub des Nussbaums lässt sie für ein paar Augenblicke verschwinden. Als sie mit dem tobenden Kind wieder zum Vorschein kommt, wird ersichtlich, dass sie das sonnenwarme Wasser einer türkisblauen Kunststoffwanne anpeilt. Der Kleine will nicht, beißt die Mutter in den Arm, strampelt.

Es ist schön warm, das Wässerchen.

Ertränken will sie ihn, das will sie, seine Mutter.

Das Wasser spritzt in die Höhe, als sie ihn hineinschmeißt.

Sie packt eine Kanne, ebenfalls mit sonnenwarmem Wässerchen, und übergießt ihn.

Man hört von Weitem das Protestgekreische, es hat aber nichts Qualvolles mehr, sondern ist in höchste Wonne umgeschlagen.

Schön stillhalten, ich hab einen Schwan für dich, eine Ente für dich.

Sie schreit mit ihm zusammen, stillhalten, wir wollen auch die Härchen waschen.

An solchen Sommervormittagen, als die Sonne schon fast im Mittag steht, aber das Mittagsgeläut noch immer nicht hereinklingt, sind die nussbaumbestandenen Höfe leer. Es gibt aber einen kahlen Hof, ohne Strauch, Baum oder eine einzige Blume, wo ein Mann in Arbeitskluft immer irgendetwas werkt, dauernd hämmert, zwischen auseinandergenommenen, ausgestreuten Maschinenwracks, Traktoren, Benzinkanistern, Schmierebehältern, Fässern, Eimern, Motorrädern, Karosserien, Hebern, Radnaben, Sauerstoffflaschen, Keilriemen, Achsen, Seitenwagen, Brecheisen, eingesackten Anhängern und rostigen Fahrrädern.

Auf handtellergroßen Flecken gedeiht immerhin Unkraut. Rote Borstenhirse mit ihren samtigen Ähren, Zurückgebogener Amarant, Gemeiner Stechapfel oder die hoch aufgeschossene Eselsdistel. Was immer es ist, mit seinen Stiefeln, die nicht einmal zugeschnürt sind, trampelt er alles nieder, verwüstet es, vergewaltigt es. Was er hier rausmontiert, montiert er dort rein. Anderes montiert er nicht rein, sondern trägt es von hier nach dort, wo er es vergisst. Dazwischen flucht er wahrscheinlich, ich sehe ja, wie er herumdrischt, seine Zange, seinen Hammer gegen etwas knallt. Das sind alles Personen. Mit Körpern aus Eisen. Oder dann schleppt er etwas, damit etwas anderes Platz hat, von dort herüber, und dafür muss er noch einmal etwas anderes beiseitewuchten. Eine Kette anhängen, mit dem Traktor abschleppen. Solange ich auch zuschaue, ich verstehe es nicht, verstehe nichts.

Aus dem Nichts kann doch etwas werden, sagt Haydn. Mit Nichts bezeichnet er sich selbst, als er sieht, dass dieses Nichts eine große Zukunft vor sich hat. Der Mann ist allein, ich sehe nie jemanden zu ihm kommen. Nachmittags um fünf Uhr zwanzig kommt allerdings eine Frau, offenbar seine angetraute Gattin. Sie geht mit ihrem Einkaufsnetz ins Haus und taucht bis zum nächsten Morgen nicht mehr auf. Kostümchen, halbhohe Schuhe. Sie bringt blutige Fleischstücke, Blut tropft aus dem Einkaufsnetz. Sie arbeitet im Büro. Aber die arme Seele auf dem Schrottfriedhof kennt weder Winter noch Sommer. Der arbeitet morgens, arbeitet abends, in seinen Stiefeln, seinen dreckigen Leibchen. Manchmal auch nachts, in gleißendem Lampenlicht. Die Lampe hängt an einem weiteren Irgendwas, bis Mitternacht so, schaffend und werkend, aber auf dem Hof verändert sich nie etwas. Entsetzt erkenne ich mich selbst in diesem Riesenbordell. Auch ich nehme nichts mit, auch mir nimmt man nichts ab. Ich kann schreiben, was ich will, ich stehe unter Publikationsverbot, was ebenfalls streng geheim ist. Nicht einmal ich darf davon wissen. Keine einzige Zeile wird man von mir veröffentlichen. Alle meine Texte werden zurückgeschickt, zurückgegeben.

Zurückgewichst von den berühmten Redakteuren. Nicht gut genug, brauchen wir nicht, schreib was anderes. Manchmal kommt man aber heimlich in mein Zimmer, um zu sehen, was ich so geschrieben habe. Notizen und Entwürfe obskuren Inhalts werden einfach mitgenommen. Und ich kann sie dann bis zum Wahnsinnigwerden suchen. Und nicht begreifen, wohin ich sie verlegt habe.

Jetzt aber warte ich auf den Kollegen Graf Péter Esterházy von Frakno und Galánta, der gemäß Gesetz römisch vier von 1947 weder seine Herkunftsnamen noch seine Titel und Würden je wieder führen darf. Er muss fioriturenfrei leben und sterben. Leibeigene hat er auch keine. Eine Frau geht allerdings bei ihnen waschen und bügeln.

Er ist Mathematiker in einer Institution abenteuerlichen Namens, wo sie Luftballons schälen und Schäfchenwolken tranchieren. Ich habe ihn einmal dort besucht, er zeigte mir, wie er in der Schublade seine Bücher schrieb. Und sich sagte, mich verarscht ihr nicht, ihr Kommunisten, an mich kommt ihr nicht ran.

Land will ich nicht wiederhaben.

Wenn jemand kommt, macht er die Schublade zu, scharfer Schnitt, schon ist er in der angewandten Mathematik versunken. Wenn die Mathematiker und die Kommunisten sein Zimmer verlassen, macht er die Schublade wieder auf.

Also, der eine Péter wartet, im achten Stock, in Eisenbeton eingeschlossen in seiner gemäß den Berechnungen der Moskauer Häuserfabrik gebauten Wohnung, auf den acht Jahre jüngeren Péter, seinen frischgebackenen Freund. Und damit der Empfang herzlich sei und der Betonplattenbau mit Klängen gezähmt werde, hat er Haydns 45. Symphonie in fis-Moll aufgelegt. Als Esterházy endlich eintrifft, ist er von der Freude über sein eigenes Kommen so erfüllt, dass er Haydn nicht hört, der doch gerade ihm persönlich gälte.

Dieser Haydn muss überhaupt ein völlig unauffälliger Mensch gewesen sein, stelle ich mir aufgrund der vorhandenen Berichte vor. Eine freie Seele. So selbstverständlich frei, dass mich, nachdem ich ihn in- und auswendig gelernt hatte, der Mensch an sich gar nicht mehr beschäftigte. Er war in seinem Werk abgetaucht. Niemand schien dahinter zu stehen oder daraus herauszuragen. Ich sah einen höheren Musikbeamten in Reispuder-Perücke, dessen Körper keinen Schatten wirft, der aber alles lehrreich zu lückenlosen Formen ordnet. Und jetzt kann ich darüber nachgrübeln, warum ich ihn nicht doch bemerkt habe. Warum er so höflich ist. Warum so unauffällig. Warum so mit dem Hintergrund verschwimmend.

Dieser Haydn war eine eingefleischte Landratte. Weit und breit kein Meer. An seinem Horizont höchstens ein schilf- und seggenbewachsener, seichter, zum Versumpfen neigender See. Obendrein mit Salzwasser, aus geologischen Gründen. Seine dominanten Kationen sind Natrium und Magnesium, während unter den Anionen die Hydrogenkarbonate, Sulfate und Chloride vorherrschen. Sein pH-Wert übersteigt 8. Mangels Chemiekenntnisse haben die Leute in der Umgebung davon noch heute keine Ahnung, aber sie nennen ihn doch Sodasee. In harten Wintern mähen sie auf seinem Eis das Schilf. Wäre das lächerlich seichte Wasser nicht verschmutzt von Algen und den schmierig glitschigen Strünken des im Wind hin und her schlagenden Schilfs, könnte man es zum Waschen benutzen. Im Sommer in der Abenddämmerung ist sein Pesthauch mit Mückenwolken schwanger.

Warum der Fürst Esterházy seine prachtvolle Sommerresidenz ausgerechnet auf dieses gottverlassene Gelände stellte, verstand damals niemand. Auch heute versteht man es nicht. Es ist natürlich nicht die Angelegenheit der Dienerschar, ihren Herrn zu verstehen. Im Schilf fanden arme Wanderburschen Zuflucht, und Diebe, Räuber, für den Scheiterhaufen reife Hexen, religiös Verfolgte, denn hier holte sie kein Pandur.

Ich hoffe, dass man beachtet hat, wie ich das

Hauptthema à la Haydn durchs System der Nebenthemen und freien Assoziationen führe.

Aus meinem narrativen Dschungel sehen wir erst wieder hinaus, wenn der erlösende Schlussakkord erklingt.

Von hier kommend muss es diesem armen jungen Mann nicht leichtgefallen sein, sich einen Meeressturm vorzustellen, als er in Wien sein erstes dramatisches Werk komponierte. Er hatte kein Muster im Ohr. Wie sind wohl die sich aus Wellentälern erhebenden, zum Himmel stürmenden, dröhnenden, donnernden, schäumend und schwer in sich zusammenfallenden Wellenberge. Wer weiß. Wenn schon Element, dann für ihn eher die Erde, ihre Dichte, ihr Ernst, ihr Gewicht, oder das leise flackernde, vielleicht unerwartet hochschlagende und unbemerkt verlöschende Feuer. Kein Drama. Keine Vulkanausbrüche. Nach Jesu letzten Worten zerreißt auch der Vorhang im Tempel bei ihm sehr maßvoll. Heute kann man sich kaum mehr vorstellen, dass dieser wackere Mann, der wohl mehr arbeitete als sonst jemand auf dem Kontinent, als Unterthan geboren war und dass die Leibeigenschaft sein ganzes Leben lang treu neben seiner freien Seele herlief. Wenn auch nicht als Unterthan der Esterházys geboren, sondern als der eines viel geringeren Magnaten, des Grafen Harrach, in einer todlangweiligen Ecke Europas, wo sogar der blaue Himmel Mühe hat, blau zu sein.

Hier wird das Blau hundertmal in Soda gewaschen. Schon sein Vater, seine Mutter, seine beiden Großväter, seine beiden Großmütter lebten unter diesem ausgelaugten Burgenländer Blau. Es gab zwar Orte in der Monarchie, sagen wir in den Tiroler Bergen oder im Vorarlberg, wo der blaue Himmel tatsächlich blau und es den Bauern gelungen war, ein paar Freiheitsrechte zu erkämpfen, wie es verantwortungslose Historiker nennen. Als wäre die Freiheit eine Teilmenge des Rechts, nach kaiserlicher Laune aufteilbar, einschränkbar, zusammensetzbar, besteuerbar.

Es wäre ja nicht schlecht gewesen, sich von den Fürsten Esterházy zu befreien. Aber das konnte er nicht riskieren. Er musste mitsamt den Esterházy frei sein, das war sein gesetzlich vorgegebenes Los. Kaiserin Maria-Theresia lockerte nichts. Die Gebräuche ließen allerdings einige Lockerheiten zu. Fürst Miklós tat jedenfalls alles dafür, dass der Unterthan des Grafen Harrach bei ihm blieb, an diesem prächtig eingerichteten verpesteten Ort. Diese beiden, der Fürst und sein Unterthan, hatten sich, aller Usanz zum Trotz, gefunden. Das müssen wir den Esterházys doch zugutehalten. Einen solchen Herrn, einen solchen Kapellmeister konnte der eine wie der andere nicht finden.

Einmal vor langer Zeit, an einer ich weiß nicht mehr wann wo veranstalteten todlangweiligen Konferenz, wo wir vor zahlreichem Publikum um einen riesigen runden Tisch saßen und diskutierten, während wir im Sumpf der Gemeinplätze fast erstickten, stand Péter Esterházy langsam und würdevoll auf und ging mit rhythmischen Schritten um den Tisch herum, bis er bei mir anlangte. Er konnte so nachdrücklich gehen, dass er nicht nur Distanzen abzuschreiten, sondern auch zu sagen schien, sehet her, ich bin auch Herr über die Schwerkraft. Mein Leben ist so großartig, dass mir alles leichtfällt. Er führte vor, wie ein großer Herr geht, wie er die Gravitation der Masse niederringt. Was für ein Ausnahmemensch. Eine Demonstration, ganz eindeutig. Er beugte dazu ein bisschen den Oberkörper vor, schön steif. So signalisierte er seine gründliche Kenntnis der höfischen Etikette, uns, dem Plebs. Er war einmal ganz erstaunt zu hören, dass ich jeden Morgen laufen ging, obwohl mich niemand verfolgte. Laufen, wozu denn. Er lief nur, wenn vor ihm ein Ball war. Die Aufmerksamkeit und Demut, die er allen bezeigte, waren aber so christlich wie nur möglich, fast schon mönchisch. Schließlich war er der Patron seiner Kirche, auf seinem Gut das Kirchenoberhaupt, und so konnte er uns ohne jeglichen finanziellen Verlust mit seiner mitmenschlichen Liebe und humanen Aufmerksamkeit beschenken.

Wandelt er gar auf dem Wasser, mochte sich der Uneingeweihte fragen, wenn er ihn daherschreiten sah. Das Wandeln auf dem Wasser musste er mit großem Wellenwerfen zelebrieren. So blieb er über mir stehen, mitsamt diesem ganzen nicht Wenigen, mit dessen Menge er mich stets einnahm, bewusst und reflektiert, wie sie war. Er umfasste zart meine Schulter, beugte sich zu meinem Ohr herab und flüsterte, was für ein toller Graf er doch hätte sein können. Was für ein toller Graf ich doch hätte sein können. Noch heute verstehe ich nicht, warum er das sagte und was er damit wollte. Vielleicht probierte er bloß einen halb fertigen Satz an mir aus. Mir blieb nur zu erwägen, ob er auf seinem Latifundium wirklich zurechtgekommen wäre, denn er konnte Hafer nicht von Vergissmeinnicht unterscheiden. Oder ob er sich auf die Art tröstete. Da er doch kein großer Fußballspieler geworden war. Auch kein Mathematiker. Da man ja nicht gleichzeitig alles sein kann. Da doch der Mensch durch den Mangel so verletzbar ist. Aber er wartete keine Antwort ab, sondern verließ, etwas schneller, als er gekommen war, den Raum. Große Herren müssen nicht groß sein, sie sind groß. Ich habe ihn nie gefragt, was er mit dieser Grafangelegenheit wollte. Vielleicht nur, dass ich sein Vertrauen wonnig empfing und empfand.

Ich öffne dir mein Innerstes, und da liebst du mich noch immer nicht genügend.

Aber du machst ja alles umgekehrt, Péter.

Ein ganzes Leben opferte er dem Bemühen, kein

Graf zu sein, auch uns nicht als Graf zu erscheinen, sondern eher als Fußballspieler, oder auch als leicht danebengeratener Mathematiker, wenn ihm schon kein Stück Grundbesitz plus Dienstpersonal geblieben waren.

Ein wackerer, disziplinierter Bürger sein, der noch in der zivilen Renitenz Maß zu halten versteht. Sich nur bürgerliche Unzufriedenheiten gestatten, die den anderen von Nutzen sein können. Der geborene Demokrat. Eine Darbietung, die sonst niemand, wirklich niemand gab.

Würdest du dich zum Grafen zurückmausern, würdest du natürlich sofort die Wiederherstellung des ius primae noctis verlangen.

Wegen seiner Widersprüche ist das Leben so schön.

Davon sprichst du nur deshalb nicht, weil die anderen nicht sehen sollen, dass du ja doch der Magnat geblieben bist. Denn wie immer wir es drehen und wenden und, ja, auch lesen, Esterházys Werke sind nicht bürgerliche Werke.

Allein geblieben, kann ich nicht mehr enträtseln, warum ihm das in den Sinn gekommen war und warum er es mir ins Ohr flüsterte. Klar, dass ich nicht fragte, unsereins stellt Magnaten keine Fragen. Er schrieb einmal in einer Laudatio, ich sei Bürger in einem Land, in dem es kein Bürgertum gibt, nie gegeben hat. So freuten wir uns aneinander. Der eine sieht den anderen von seinem Ort aus. Du bist Graf geblieben, auch wenn du kein Stück Grundbesitz hast. Und ich habe keine Gesellschaftsklasse und auch keine Aktien.

Hätte er gewollt, hätte Haydn die Esterházys bestimmt loswerden können. Mozart oder Beethoven hätten von denen nicht so viel geschluckt. Unsere Flanke durchschossen, aber wir sind frei. Es ist ein charakteristischer Zug seines Wesens, ja, seiner Musik, dass er nicht so ist, nein. Er braucht bis zum Ende eine sichere Anstellung bei Hof. Er steht mit beiden Füßen auf dem Boden. Die Esterházys sollen ihn auch bezahlen, wenn er in London zu tun hat. Man hielt ihn für einen einfachen Mann. In der Kunst gibt es natürlich nichts Komplizierteres als die Einfachheit, und also steht sie an der Spitze der Hierarchie. Niemand holt sie da herunter fürs Volk, und keine Demokratie hebt es dahin hoch. Jeder muss sich selbst zur eigenen Einfachheit erheben, dort in sauerstoffarmer Luft arbeiten und leben, und dazu braucht es Mumm. Wenn kein Mumm da ist, dann ist eben keiner da. In der Monarchie braucht es Mumm dazu, in der Diktatur braucht es Mumm dazu, in der verfluchten Scheißdemokratie braucht es Mumm zu, denn für die Kunst ist die Meinung der Mehrheit wertlos. Einfachheit bekommst du nicht gratis. Etwas davon klauen, um einen Teil nach Hause zu bringen, geht auch nicht. Man sagte, der Haydn sei aufmerksam, warmherzig. Treue galt als seine Grundeigenschaft. Seine Religiosität entstammte auch nicht der Welt, in die er als Leibeigener hineingeboren worden war. Er war ja alles andere als ein Heide. Verherrlichen wollen wir ihn trotzdem nicht, wäre auch nicht möglich. Er muss ein bisschen unbeholfen gewesen sein, dieser unser verehrter, gefeierter Komponist. Ein echter Tollpatsch, wie Esterházy mit Ottlik sagen würde. Er hatte daneben reichlich Selbstironie. Das imponierte Fürst Miklós. Dafür durfte ihn Haydn auch mal auf die Schippe nehmen. Denn auch er hatte Humor. Ja, die beiden hatten gegen alle Regeln und Gebräuche zueinander gefunden. So wie Péter und ich, bis er eines schönen Tages tot war.

IN DEN FARBEN DER DUNKELHEIT

Es sah nicht gerade gut aus für die Fotografie. Als ich vom Lichtschachtsucher meiner Kamera aufblickte, bemerkte ich mit einem Mal, dass wir sinken, obwohl wir uns auf keinem Schiff befanden und weit und breit kein Meer in Sicht war.

Von meinem Wohnort ist Wien genauso weit entfernt wie Budapest. Früher konnte ich mir die für die analoge Fotografie benötigten Materialien in den näheren Kleinstädten besorgen, heute ist das nicht mehr möglich. Sie sind aus. Sie wurden nicht geliefert. Es gab keine Filme mehr, keine Kleinbildfilme, keine Rollfilme, weder mit dieser Empfindlichkeit noch mit einer anderen. Nächste Woche vielleicht. Zuerst verschwanden die Schwarz-Weiß-Materialien, die extrem empfindlichen, beziehungsweise die extrem unempfindlichen, dann war auch die Massenware für das breite Publikum nicht mehr erhältlich. Eine Woche darauf gab es kein Fotopapier mehr, weder weiches, noch hartes, kein spezielles und auch kein gewöhnliches, ich hatte nichts mehr zum Vergrößern. Schließlich wurde das Fachgeschäft neu gestaltet, das in der Elektronik bewanderte junge Verkaufspersonal verstand nicht, was ich wollte und wovon ich redete. Auch die nötigen Fotochemikalien waren nicht mehr zu bekommen. Ich hätte anfangen müssen, die Komponenten einzeln zu besorgen, um sie selbst zu mischen.

Trotzdem war, so schien es, der ganze Berufsstand glücklich. Nicht nur in den nahen Kleinstädten, sondern auch in Wien und Budapest. Endlich hatte es mit den Chemikalien und dem vielen Herumgepansche ein Ende. Man drückte einen Knopf auf dem nagelneuen digitalen Gerät, und schon war das Bild an seinem Bestimmungsort am anderen Ende der Welt angekommen.

Nur war das Bild jetzt ein anderes.

Die Leute schienen gar nicht zu bemerken, dass es nicht mehr *das* Bild war. Das war kein Bild. Auf diesem Bild standen die Gegenstände nicht im Raum. Und die Schatten der Gegenstände schien irgendjemand stark ausgeleuchtet zu haben.

Irgendwas stimmte ganz und gar nicht, obwohl ich im ersten Moment nicht hätte sagen können, was da nicht in Ordnung war.

Es gab keine signifikanten Kontraste.

Die Farben waren verwischt, ein seltsamer gelber Schleier schien über ihnen zu liegen, oder sie waren irrsinnig plakativ.

Doch auch in anderen Teilen der Welt gab es nur noch wenige, die nicht von den Gradationen, der Tiefenschärfe und von der Annahme lassen wollten, dass die Umrisse der Gegenstände nicht von diesen selbst, sondern von der Plastizität von Licht und Schatten geschaffen werden. Schließlich haben wir zwei Augen, wir sehen in die Tiefe, sind Fleckenseher. Wir müssen zwischen Licht und Schatten wählen. Wenn aber das menschliche Gesicht keine Räumlichkeit hat, hat der Mensch auf dem Bild kein Gesicht, beziehungsweise hat das Gesicht keinen Ausdruck. Ich gelangte zu der Auffassung, dass der Mensch auf der digitalen Fotografie seine eigene Existenz auslöscht.

In Wien und Budapest wurden die abgelaufenen fotografischen Artikel noch abverkauft, jedoch waren das keine Materialien, die zum Beispiel ich hätte gebrauchen können. Das lag weder an deren Qualität noch an der fehlenden Gewährleistung.

Denn so läuft das eben nicht im Leben eines Fotografen, dass er, wenn er bisher mit Material von Fortepan oder Agfa gearbeitet hat und diese Hersteller den Betrieb einstellen, dann brav auf Kodak oder Fuji umsteigt, weil die noch produzieren.

Warum das nicht so läuft, ist eine lange Geschichte. In Kurzform ist dazu zu sagen, dass man zusammen mit der Marke die ästhetischen Anschauungen, die Bilderzeugungsverfahren und die Farbenlehre der Entwicklungsingenieure mit kauft. Daran muss man seine Sichtweisen anpassen. Was entweder funktioniert oder auch nicht. Ich kannte Fortepan, ich kannte Agfa, ich kannte auch die anderen, nur akzeptierte ich die anderen nicht. Und mit der Digitalisierung müsste ich mir das Menschenbild der vierten Modernisierungswelle in den speziellen Interpretationen der verschiedenen Markenstrategien zu eigen machen.

Oder du bist widerspenstig und trägst die eigenhändig hergestellte Emulsion selbst auf. Ein Drittes gibt es nicht.

Die Materialien von Fuji zum Beispiel erzeugen eine faszinierend klare Bildoberfläche, mit der formidablen, mehrere Tausend Jahre alten Geschichte der japanischen Malerei und Kalligrafie im Hintergrund, jedoch bei alledem auf unendlich kühle und gleichgültige Weise. Kann sein, dass das dort nicht so stark, oder nicht als Gleichgültigkeit empfunden wird. Kodak geht umgekehrt vor und überschüttet uns mit seinem Überschwang. In dieser Darbietung soll alles strahlen, alle haben die Verpflichtung, breit in die Mittagssonne zu lächeln. Ich aber fotografiere nicht den Überschwang von irgendjemand, sondern das Licht selbst. Ich kann nichts dafür, es hat sich so ergeben. Zu dem Zweck war Fortepan geeignet, und bis zu einem gewissen Grad Agfa. Auch wenn ich die Mitglieder meiner eigenen kleinen Familie aufnehme, bin ich nur darauf gespannt, wie und in welchem Licht ihre teuren Angesichter im Raum platziert sind und wie ich ihre unverwechselbaren Züge im Raum hervorheben kann. Ich weiß starkes Gegenlicht auf ihren Gesichtern zu schätzen, dessen ungeachtet bemühe ich mich, möglichst viele Grauschattierungen festzuhalten. Mich in die Dunkelheit hineinzuwagen, tut gleichfalls gut, dort versetzen mich die Masse der Schatten und das Minimum an Licht in Aufregung.

Derlei Bedürfnisse kennt die digitale Fotografie nicht, sie kann sie nicht befriedigen.

Die Veränderung war für mich tiefgehend, sie drang mir bis ins Mark. Es gab achtenswerte Kollegen, die ernsthaft Widerstand leisteten, sie ergriffen nicht die Flucht, sie mischten allen Ernstes Chemikalien, trugen Emulsionen auf, das heißt, sie kehrten in die handwerkliche Epoche der Fotografie zurück.

Eine vernünftige Haltung. Die Silberkörner der Emulsion haben eine dreidimensionale Ausdehnung, darum geht es. Einen Raum tausche ich nicht so ohne Weiteres gegen eine Fläche. Das digitale Signal hinterlässt seine Spuren auf einer Fläche. Es macht die Perspektive zunichte, es liefert keine oder rechnet nicht mit ihr. Das Grundelement der lichtempfindlichen Schicht hingegen, ob es nun Licht bekommen hat oder nicht, steht im Raum. Wir nehmen es in Relation zur Räumlichkeit anderer Körner wahr. Das menschliche Auge ist dazu imstande, in der Menge der mikroskopisch kleinen lichtempfindlichen Silberkörner auf Entdeckungsreise zu gehen, das heißt, ihre graduellen Unterschiede dreidimensional zu erfassen. Ganz so wie in der Malerei. Die Fotografie ist bei der Malerei in die Schule gegangen. Der Maler hinterlässt mit seinem Pinsel, ob er die Farben nun mischt oder nicht, ob er sie expressiv aufträgt oder lasurartig, eine unverwechselbare Textur. Die reine oder gemischte Farbe steht in drei Dimensionen auf der Leinwand. So wie auch die Silberkörner von Brassaï oder André Kertesz nicht miteinander verwechselt werden können und mit ihren Themen in enger Verbindung stehen. Wer ein mit analogen fotografischen Mitteln erzeugtes Bild betrachtet, tritt in einen unbekannten Raum, wo ihm die Maße, die Position, die Farbe, die Gradation der belichteten und unbelichteten Körner im Dschungel der individuellen Eigenschaften Orientierung geben.

Es sah so aus, dass das Pixel gerade das selbstständige und unverwechselbare Leben der Emulsion aus der Fotografie verbannte. Schon allein deshalb, weil der Zufall für das Pixel ein irrelevanter Begriff ist, es kennt allein das Gesetzmäßige. Es sah so aus, dass der Impuls und der grafische Raster dennoch ohne jede philosophische Überlegung die Physik und Chemie der Silberjodid- und Silberbromidkörnchen ablösten, obgleich nicht nur keine analoge Verbindung zwischen ihnen bestand, sondern überhaupt keine Verbindung.

Das Digitale ging äußerst weit mit seinem Angebot. Es sah so aus, als ob die Digitalisierung der Fotografie nicht nur der Epoche der Individualität, sondern auch mehreren Jahrtausenden der perspektivischen Darstellung und der Lichtempfindlichkeit den Rücken kehrte. Sie brach nicht mit ihnen, denn das würde voraussetzen, dass die Existenz von jemandem oder von etwas bereits zur Kenntnis genommen worden und im Bewusstsein gegenwärtig ist. Es sah so aus, als ob das Digitale die Fotografie von ihrer Räumlichkeit und ihrer Stofflichkeit *en bloc* loslösen könnte. Sie wendete sich ab. Bis dahin sahen die Lichtbilder so aus, und jetzt so. Wiewohl es auf dem digitalen Bild nicht mehr um Licht, nicht mehr um Lichtbrechung, nicht um Lichtquellen, nicht um die verschiedenen Eigenschaften des Lichts und auch nicht um seine Menge ging, sondern um die kühne Behauptung, dass die einzige sichtbare Welt die Farbwelt sei.

Auf dem digitalen Bild ist es einerlei, ob die Lichtquelle künstlich oder natürlich ist. Den Unterschied nimmt es ausschließlich als Farbe wahr. Einzig die Farbe des Gegenstands zählt, und was in der Wirklichkeit was verfärbt, was auf was reflektiert oder aufgrund welcher Lichtbrechung sie als Farbe entsteht, wo und wie sie im Paradies der Farben ihren Platz hat, ist dem Digitalen egal. Auf dem digitalen Bild ist jedes Drama dahin.

Die digitale Fotografie, ob sie es weiß oder nicht, erschafft ein Universum, in dem es, um mit Rorty zu sprechen, keine Antworten gibt, denn es gibt auch keine Fragen, in dem es keine Sorgen gibt, denn es gibt auch keine Probleme.

Jedenfalls war etwas zu Ende gegangen, etwas war in der Fotografie aus und vorbei. Als Erste demonstrierten Kunsthändler in Galerien und auf Auktionen, dass es keinen Weg zurück gab. Die Preise für Fotografien der zurückliegenden anderthalb Jahrhunderte stiegen sprunghaft und exponentiell an. Nicht nur diejenigen von Werken anerkannter Meister. Die Kunstsammler stürzten sich auch auf Amateurfotografien. Auf außergewöhnliche Bilder, die ein Zusammenspiel von Zufall und Unkenntnis hervorgebracht hat. Kunsthändler und -sammler schienen es als Faktum akzeptiert zu haben, dass in der digitalen Welt, die auf Gesetzmäßigkeit und Monotonie gegründet ist, Zufall und Eventualität sich niemals mehr ereignen können.

In den vergangenen zwanzig Jahren haben Galeristen tatsächlich Großartiges geleistet, sie haben unbekannte Lebenswerke aus den Schubladen gefischt, fotografische Schulen und Epochen überschaubar gemacht.

Schön, es gibt kein Zurück, hätte ich mir sagen können, doch es ging nicht um mich, beileibe nicht, sondern um mein Metier, um die Abbildung, um die europäische Tradition der Abbildung, mehr noch, um unsere philosophischen und theologischen Vorstellungen von Raum und Zeit.

Die Materialität der Fotografie stand auf dem Spiel. Der Gedanke peinigte mich, dass der Mensch zwar das Rad erfunden, aber deswegen doch nicht seine Beine auf den Müll geworfen hat. Wir sollten nicht einen Moment lang vergessen, dass die Fotografie nicht nur durch Stile, nicht nur mit einzelnen Schulen in die Fußstapfen der Malerei getreten ist, sondern mit ihrer Materialität. Sie arbeitete nicht mit Theorien, sondern mit Materialien.

Schließlich ist die Camera obscura keine Abstraktion und keine Spekulation, sondern eine Naturerscheinung, das Resultat der Entdeckung der Kontraste und der Strahlen. Wir können ein optisches Bild vermitteln, durch das Schleifen des Glases kann die Lichtbrechung perfektioniert werden. Wir tragen die Stoffe auf einen Träger auf, fixieren sie darauf mit anderen Stoffen. Die Unterschiedlichkeiten der Silberkörner der aufgetragenen Emulsion stehen zur Belichtungsdauer und Lichtstärke in Relation. Die Sehnerven des menschlichen Auges sind von vornherein so beschaffen, dass sie fähig sind, in den von Stoffen gesättigten fotografischen Raum einzutreten und sich gemäß den eigenen physiologischen Eigenschaften darin auch zu orientieren.

Die analoge Fotografie steht mit jedem einzelnen ihrer Elemente in einer Wechselbeziehung zur Physiologie und hält eine Wechselbeziehung zur Erkenntnis aufrecht.

Die Bündel der Sehnerven fühlen sich vom Licht angezogen, und es graut ihnen vor dem Licht, in jedem Moment erfassen sie die Natur und das Ausmaß der Anziehung und des Grauens, die Gehirnzellen speichern es. In die Dunkelheit treten sie immer gerne ein, selbst dann, wenn sie Angst haben. Die Überwindung der Angst ist schaurig anziehend.

Der grafische Raster der Pixel erinnert amüsanterweise an die Bündel der Sehnerven. Es kann gar nicht anders sein, die Darstellung des Pixels ist das Resultat grafischer Arbeit, auf diese Weise hat die Vorstellungskraft und das Wissen des Grafikers Anteil an seiner Existenz. Auch wegen seiner eigenen Nervenbündel kann dieser gar nicht anders, als mit der Physiologie in Beziehung zu treten. Trotzdem ist das Pixel keine Materie, sondern Impuls und Fiktion. Sie zu erzeugen, genügt die Phantasie des Grafikers. Niemand braucht einzeln an den Bündeln der Nervenfasern zu zupfen. Nur die geometrischen Koordinaten der vorgestellten Gestalt müssen in elektronischer Form angegeben werden. Angeben muss sie dennoch jemand. Demgegenüber hat der Impuls nichts mit der Person, nichts mit Vorstellung oder Theorie zu tun, ebenso wenig mit dem sinnlichen Erfassen des Erscheinungsbilds, sondern einzig mit der Farbe und der Farbtemperatur der Stoffe, auf die er reagiert, weshalb er mit den bildgebenden Fähigkeiten des Lichts nur in mittelbarem Zusammenhang steht. Er ist den Farben verhaftet, diese tastet er ab. Es interessiert ihn nicht, wovon er die Farbe aufnimmt, ebenso wenig, wovon dieses Detail ein Detail ist und wo es im sichtbaren Ganzen seinen Platz hat. Das Pixel ist ein elektronischer Impuls, der sich in Verbindung mit der Farbe der Stoffe bewegt und den ich mithilfe der Bildpunkte, Bildzellen, Bildelemente eines grafischen Rasters wahrnehme, auf einem Bildschirm oder Display, der über eine Länge und Breite, doch über keine Tiefe verfügt.

Der Auslöser ist geblieben, wir drücken ihn gerne und oft. Gleichwohl hält die mit einer Linse versehene Vorrichtung durch die Belichtung nicht das Abbild des gewählten Gegenstands fest, sondern bringt auf einem gefüllten grafischen Raster ein einziges Zeitintervall eines Systems von Farbtemperaturen zur Darstellung. An einer digitalen Kamera kann man deshalb mit einem einzigen Knopfdruck zwischen Standbild und beweglichem Bild wählen. Wenn ich auf Videoaufnahme stelle, kann ich dieses Etwas, das ich als Standbild eine Hundertstelsekunde angesehen habe, bis zum Ende aller Zeiten betrachten.

Ich habe ein wahres Wunderding von einem Gerät. Die Frage ist nur, was ich mit ihm sehe.

Wenn nämlich im Universum des Ingenieurs nur Farben existieren und jeder einzelne Impuls jeder Farbe im gegebenen grafischen Raster gleichwertig ist, dann wird das auf diese Weise generierte Bild keine Tiefendimension haben, woher auch, und es wird nicht nur im konkreten Sinn keine Tiefe haben. Die Entwicklungsingenieure behaupten, es gäbe kein Universum. Das mit zwei Augen Sichtbare, die dritte Dimension, leugnen sie nicht einmal. Ganz zu schweigen von Poincarés mathematischer Annahme, der dreidimensionale Raum sei der sichtbare Teil einer vier- oder fünfdimensionalen Welt. Obwohl sie doch wirklich wissen könnten, dass allein schon der Begriff des grafischen Rasters aus der Renaissance stammt und an die perspektivische Darstellung geknüpft ist. Doch mit der Raumwahrnehmung der Renaissance hat das digitale Bild am allerwenigsten zu tun.

Vom zentralperspektivischen Raum behalten wir den Raster und die Optik bei, mochten sich die braven Ingenieure gedacht haben, doch Verkürzung, Vordergrund, Mittelgrund und Hintergrund werfen wir auf den Müll.

Für sich genommen macht das natürlich nichts aus, denn das Raumempfinden der Renaissance ist nur eine Variante der Möglichkeiten menschlichen

Sehens und bei Weitem nicht das letzte Wort in der Geschichte des Sehens. Die zentralperspektivische Betrachtung ließ auch außer Acht, dass sich der Mensch nicht nur auf eine Landschaft, einen Gegenstand zentriert und sein peripherisches Sehen bei und trotz aller Konzentration unausgesetzt arbeitet.

Die digitale Fotografie behielt zwei wesentliche Werkzeuge der zentralperspektivischen Darstellung bei, die Linse und den Raster, zugleich verbannte sie die Perspektive zusammen mit deren Anspruch auf Konzentration aus dem Bild, das peripherische Sehen hatte sie anscheinend niemals zur Kenntnis genommen. Die Entwicklungsingenieure, die den Prototyp der Digitalkamera in die Hände der Großindustrie legten, schienen weder Biologie und Optik noch Theologie und Philosophie gelernt und niemals einen Fuß in ein Museum gesetzt zu haben. Vor ihnen das Leben.

Was mich betrifft, reagierte ich viel zu hitzig. Den kleineren Teil der Gerätschaft meiner Dunkelkammer warf ich weg, den größeren schenkte ich zusammen mit meinen sämtlichen Kameras und Belichtungsmessern einem Museum.

Wenn ich nicht die Intensität des Lichts messen und den erhaltenen Wert zur Belichtungszeit und zur Tiefenschärfe in irgendeine Relation setzen kann, dann adieu liebe Ingenieure, ich für meinen Teil mache Schluss mit dem Fotografieren.

Abgetan war die Sache damit nicht.

Wo ich nun mal zwei Augen zum räumlichen Sehen und ein teures Smartphone mit Fotografierfunktion hatte, drückte ich dann doch manchmal auf den Knopf.

Ziemlich schnell bekam ich heraus, was man mit dem Mangel an Tiefe und den plakativen Farben alles anstellen konnte.

Die Farben der Dunkelheit zum Beispiel nimmt es viel genauer wahr als das menschliche Auge. Alles sieht es heller als das menschliche Auge. Vielleicht deshalb verträgt es keine Konturenbeleuchtung. Um Farben wahrzunehmen, benötigt es nämlich eine minimale Lichtmenge, wenn diese aber vom Minimalen ins Nichts übergeht, mischt es daraus in seiner kindlichen Verwirrung verblüffende Farbflecken zusammen und bringt auf dem Display mit seinen Pixeln höchst interessante Valeurs hervor. Ich begann sozusagen mit den Konstruktionsfehlern des Apparats zu spielen. Früher einmal hatte ich auch schon mit den Schwächen der genialsten Erfindung farbigen Rohmaterials, mit dem Polaroid, gerne herumgespielt.

Wenn wir das entsprechende Papier für die Drucke wählen, führen uns die von Verwirrung zeugenden Bildoberflächen durch die Schwächen der Ingenieurskonzeption zu zwei Traditionen zurück, die im Prinzip der Elektronik fremd sein müssten, zur

Erfahrung und zur Historizität. Konkret zu einer äußerst fruchtbaren fotografischen Episode des Modernismus, dem Piktorialismus, den für die Malerei empfänglichere Fotografen vom Ende des neunzehnten Jahrhunderts bis zum Ausbruch des Ersten Weltkriegs kultiviert hatten, und von dort noch weiter zurück, geradewegs zum Kult der Dunkelheit der Romantischen Malerei.

Das Spiel mit den natürlichen menschlichen Schwächen ist mir schon allein deshalb wichtig geworden, weil ich gerade Horrorgeschichten schreibe, und je schauerlicher eine Geschichte, das heißt, je mehr sie sich aus der archaischen Schicht des menschlichen Bewusstseins nährt, umso mehr brauche ich, um sie zu schreiben, Klarsicht und klares Sehen.

SCHREIBEN ALS BERUF

Es wird wohl nicht überraschen, wenn ich mit so vielen Jahrzehnten Erfahrung auf dem Buckel auch einmal ein paar Worte über meine Arbeit sagen möchte.

Über all das, was geschieht und dann doch nicht auf dem Papier erscheint.

Über all das, was im Text in Erfüllung geht, und über das, was ausgeschieden wird.

Hier etwas weggeworfen, dort etwas weggeworfen.

Darüber, auf welche Art sich das Geschehen und das Nicht-Geschehen gegenseitig durchdringen und auf welche Art sie einen großen Bogen umeinander machen, wobei von dem allem im Text nichts aufscheint. Wenn ich etwas endgültig gestrichen habe, bleibt an der Stelle ein Fehlen. Fehlendes und Vorhandenes, fehlende und vorhandene Wörter, Satzteile, Sätze, Absätze, wie halten sie sich in Schach. Wie kommen sie sich nahe, ja, wie hauchen sie sich gegenseitig Leben ein. Wie entsteht zwischen ihnen die starke Spannung, aus der langsam, aber sicher das stabile Gerüst des Texts errichtet wird. Ein mit Zusätzen und weiteren Einzelheiten belastbares Gerüst.

Natürlich nur so lange, wie die Struktur hält.

Diese nicht geschriebene, im Text aber doch vorhandene Arbeit nenne ich stumme Poetik. Das Netz meiner Entscheidungen, das den Text zusammenhält. Inbegriffen meine den Wortschatz betreffenden negativen Entscheidungen. Wann verwende ich etwas nicht, obwohl es die Alltagssprache, die literarische Sprache oder die Grammatik verlangen würden. Wann und auf welche Art soll mein Satz verkrüppelt sein und wann und auf welche Art heil und ganz, vielleicht sogar mit allerlei sprachlichem Zierrat vollgehängt. Oder im Gegenteil, was ist das Minimum, wie bereite ich das Terrain für einen gewöhnlichen Alltagsausdruck vor. Und noch eine Menge solcher Fragen. Eine Vielzahl ähnlich gelagerter positiver und negativer Entscheidungen umreißen die stumme, aber für den geübten Leser einsehbare Poetik. Die Art der Gestaltung von Satzrhythmus, Textrhythmus, die Musikalität der Lautgestalt der Wörter. Die für den Textrhythmus veränderte Wortfolge. Der Takt von langen und kurzen Sätzen, das Verhältnis der Rhythmen. Zufallsreime im Prosatext, Binnenreime, verborgene Reime. Reime, die sich ergeben und auch schön sind und auch

Sinn haben und die ich doch zerstöre. Die Modulationen der Monotonie. Im Fall von Wiederholungen die Wahl zwischen Wortwörtlichkeit oder Variation. Synonym oder Variante. Das Verhältnis von Ähnlichem, Identischem, Verschiedenem je nach Textstelle. Absichtliche Wortwiederholungen, das System von wiederkehrenden betonten Wörtern und betonten Satzvarianten. Die motivische und logische Verbindung zwischen verschiedenen Gegenständen. Das Einbauen fremder Texte in den eigenen Text, Verweise auf fremde Texte, Zitate, Paraphrasen, Selbstzitate. Synchronie oder auch Asynchronie von Textrhythmus und Handlung. Das austarierte Verhältnis von Länge und Intensität der verschiedenen Handlungsstränge. Überhaupt, die Wahl einer Technik der Handlungsführung. Unterbrüche, Einfügungen, Vorgriffe, Rückverweise. Das Verhältnis von Symmetrie und Asymmetrie, beziehungsweise deren Bestimmung je nach Textstelle.

Entscheidungen, was die Statik des Texts betrifft. Umfang, Gewichtungen, Gewichte. Entscheidungen, was das Verhältnis von Ganzem und Teil betrifft. Methodologische Entscheidungen zugunsten spontaner Leerstellen. Die Konstruktion begrifflicher und thematischer Leerstellen. Zum Beispiel die Konstruktion der Gegenwart abwesender Personen, ihre je nach Situation schwache oder starke Gegenwart. Die Veränderungen des *point de vue* zwischen der Totalen und dem Close-up, das Heranfahren, das Wegfahren, Ort und Geschwindigkeit des Zoomens. Verlangsamungen, Beschleunigungen, Steckenbleiben. Zwangsmäßige Exkurse, lustige Exkurse, auf Assoziation beruhende Exkurse. Schnitte, Sprünge. Sprünge auf wohlvorbereitetem Boden, Sprünge ins logisch zu Erwartende, Sprünge ins Nichts. Das Außen und das Innen, das Äußere und das Innere, die Abwechslung von Unreflektiertem und Selbstreflektiertem, die stellenweise harten Schnitte. Das Verhältnis von Beschreibung und Dialog. Die Wahl zwischen direkter und indirekter Rede, zwischen Affirmation und Supposition. Entscheidungen die Absätze betreffend, ihre Länge oder Kürze, der Rhythmus ihrer Abfolge, ihr thematischer oder emotionaler, affektgebundener Charakter, das Verhältnis der aufeinander abgestimmten und an die Handlungsführung angepassten Absätze. Ihre Holprigkeit oder ihr flüssiger Duktus.

Welches soll der erste Satz des Absatzes, des Abschnitts, des Kapitels sein. Was für ein *entrée*. Wie trete ich in den Text ein, wer tritt wann und woher ein. Oder auch, wie trete ich hinaus, lasse ich etwas hängen oder schließe ich es ab. Welches wird mein letzter Satz des Kapitels sein, welches wird mein allerletztes Wort im Ganzen sein. Welches ist die Zugkraft des letzten Worts, das Nein oder das Ja. Man kann es auch in der Schwebe lassen. Und dann die Lautstärke der Sätze, gebrüllt oder geflüstert, die nicht nur mit direkter Reflexion oder schwerfälligem auktorialem Kommentar erzielt wird, sondern in den Tonfall des Satzes organisch eingebaut werden kann. Entscheiden. An bestimmten Textstellen gibt es laute Sätze. Es gibt notwendig laute Sätze. Es gibt unnötig laute Sätze, die jedoch an der bestimmten Textstelle nötig sind. Braucht es ein Fragezeichen, wenn die Frage ja schon dasteht. Ebenso gibt es leise Sätze, peinlich oder unnötig leise Sätze, die in einem bestimmten Kontext unbedingt nötig sind, unauffällige Sätze, plakative Sätze, und so weiter, *i tak dalsche*, wie die Russen sagen, ich könnte noch lange fortfahren. Das alles gleicht ein wenig dem, was heute die Physiker, Biochemiker und Astronomen sagen, denen das Verhältnis zwischen den Einzelteilen wichtiger scheint als die Materie, aus der sie bestehen. In dieser Anschauung beruht die Welt nicht auf Materie, sondern auf Architektonik, auf Strukturprinzipien, die den Zusammenhang zwischen den verschiedenen Materien herstellen. In diesem Sinn ist die Welt nicht das, was der Fall ist, sondern Veränderung und Interrelation.

Das Schreiben selbst hat keine Chronologie. Die Arbeit, die ich verrichten muss, ist nicht linear, sondern vom ersten bis zum letzten Satz ein gleichzeitiges Aufbauen und Abbrechen. Der Text reißt dabei immer wieder auf, die Stützmauern geben nach, das

Dach stürzt ein, ich muss dauernd intervenieren, während ich nicht vergessen sollte, dass das Lesen linear verläuft. Das Errichten des Gerüsts, das Auflegen des Lehms, wie die Bildhauer sagen, sind wichtiger als die Ausformung, für mich wichtiger als die Geschichte selbst, das Sujet, der Plot, den ich selbstverständlich in allen seinen Teilen vorbereiten und vorlegen muss. Für die Schauspieler ist die Probe wichtiger als die Aufführung.

Man muss sich das so vorstellen, dass ich auf einer öden Ebene daherkomme, einfach nur so komme, aber nicht allein. Der Zweite oder Dritte oder Fünfte ist vielleicht das Unbewusste oder das Über-Ich oder mein Doppelgänger oder mein über mir schwebender Engel oder die Lust an der Sprache und am Eintauchen in ihre grenzenlose Fülle oder ein kleiner Teufel. Der große nicht. Gott kann es auch nicht sein, zu dem reicht ja nicht nur die Vorstellung der Gnostiker nicht hinauf. Alle, nur nicht ich. Dort ist ein Feldweg, dort gehe ich, hier kommt ein anderer Weg, auch hier komme ich. Was können meine armen Wege tun, nicht nur in mir, auch in dieser flachen Landschaft führen sie mich dorthin, wo sie sich auf dramatische Art kreuzen werden.

Sie werden sich kreuzen.

Sie können nicht anders.

In der Textmasse einer Erzählung gibt es aber nicht mehr als fünf, na ja, sieben solcher unvorhergesehener und auch faszinierender Aufeinandertreffen an der Kreuzung.

Ungefähr aus diesen Bezugspunkten und Bezugssystemen entsteht dann der Raum des Romans. Wenn sich das Gerüst als tragfähig erweist, wenn die Wege der Fabel und der Personen mitsamt aller dramatischen Wendungen sicher bis an diesen Punkt geführt haben und sicher weiterführen, und das alles in einem Raum, der im Text gar nicht beschrieben ist, dann ist hier die Überraschung groß, denn an den Kreuzungspunkten reißt der Text auf, so sehr, dass er auch den Vorhang des Himmels mit zerreißt.

Es stellt sich heraus, dass die Sprache und alle die Operationen mit allen ihren Varianten klüger vorausdenken, als ich meinerseits das überhaupt könnte.

Wie bin ich hierher geraten, wo bin ich und wie komme ich dazu.

Diesmal muss ich den Text versehrt belassen.

Es gibt nichts zu korrigieren.

Mein Ich ist aus jeglichem Ich hinausgeraten.

Wohin könnte ich gehen, was könnte ich tun, wie könnte ich weitergehen, wenn wir doch mehrere sind, viele, die wir an meiner Stelle darüber nachdenken, welche meiner Varianten welchen meiner Wege nehmen soll, wenn es denn in solchen Fällen ein Weiter überhaupt gibt.

Der Mensch ist ein geborener Opportunist, aus gutem Grund. Er ist kein Einziger, auch wenn er ein

Einzelexemplar ist, er ist nur eine Variante. Von seinen Eltern oder der Genetik aus gesehen ist er ein Gemisch, ein Mischling. Das ist für seinen Opportunismus ein stärkerer Faktor als die Verletzbarkeit. Denn seine Sehnsucht nach Freiheit, nach Befreiung ist immer größer als sein Gefühl für Gefahr. Fast immer reißt ihn diese Sehnsucht mit. Reißt ihn in Gedanken mit, reißt ihn im Traum mit, jagt ihn in die Rebellion, in den Aufstand, in den Terror, die Rache, den Hass, die Revolution. Er will aus dem Pferch ausbrechen. Muss sich gegen die Bewahrer wehren. Ich weiß es, auch die Anderen wissen es, sein Ausbruch führt oft ins Chaos, in die Vernichtung, ins Vernichten. Es genügt eine kleine Gleichgewichtsverschiebung. Ein Glück, dass er sich noch rechtzeitig zurückhalten kann, gegen seine Freiheit. Das nicht, dorthin nicht. Die Anderen zerfleischen dich. Und so denkt er eher in Varianten, Variationen, er moduliert, mutiert, wagt nicht, sich für etwas zu entscheiden, nimmt gleichzeitig verschiedene Anläufe, schlägt mehrere Richtungen ein, hält sich mehrere Eisen im Feuer. Er steht auf breiter Basis, wie es in der Finanzsprache heißt. Und ekelt sich vor sich selbst. Seine vielen Ausrichtungen stimmen nur zum Schein überein. Er weicht aus, schiebt vor sich hin, verschiebt und muss doch täglich das seichte Meer der klaren Entscheidungen durchwaten.

Mit seiner stummen Poetik bewegt sich jeder Autor in einem dreidimensionalen Raum, der gemäß Poincaré mit Bestimmtheit ein Aspekt eines vierdimensionalen Raums ist, aber immer kommen alle an einem einzigen, schon bewohnten Ort an.

Da kann er dann sehen, wie ihn seine deterministischen Entscheidungen wieder einmal eingezäunt haben, und das nicht zum letzten Mal, obwohl über seinem Kopf der Himmel nach wie vor offen und weit ist.

Auf den kreuz und quer verlaufenden Wegen seines eigenen Determinismus gelangt er mit seinem schwer angeschlagenen Text auf ein Gelände, auf dem kaum jemand vorbeigekommen ist und nach ihm bestimmt niemand mehr vorbeikommt. Da kann er sich höchstens sagen, na gut, dann beginnen wir den Entscheidungsprozess eben wieder von vorn.

Von all dem zu sprechen ist vielleicht nicht üblich, vielleicht auch nicht schicklich. Obwohl hier ja von einer in vielen Jahrhunderten angehäuften Erfahrung, vom gesamten aufgearbeiteten Erfahrungsmaterial des Berufs die Rede ist.

Ich gestatte mir ein kurzes Atemholen, eine fußnotenlange Abweichung. Beruf verwende ich nicht im Sinn von Berufung und schon gar nicht im Sinn von Sendung.

Was nicht dokumentierbar, aber gemäß der sinnlichen Erfahrung dennoch präsent ist, und zwischen Himmel und Erde gibt es solche Dinge tatsächlich zuhauf, das habe ich in meinem bisherigen Leben eher von mir fernzuhalten, beziehungsweise am Fehlen einer Erklärung zu packen versucht. Zu umschreiben. Das Fehlende hinterlässt eine physische Aura, das Fehlen bildet eine psychische Aura. Das Wissen und das Empfinden sind nicht immer synchron. Man weiß, dass etwas fehlt, trotzdem fühlt man seine Präsenz. Die Phänomene der sinnlichen Empfindung dokumentieren gewissermaßen die Aura des Fehlens und bringen sie in einen Zusammenhang. Freuds ganze Tätigkeit dreht sich darum. Das Dokumentieren wird uns in Texten vorgeführt, das Dokumentierte hingegen hinterlässt keine oder nur sehr wenige schriftliche Spuren. Wir verstehen auch aus Andeutungen. Wenn in einer Familie nicht von der toten Mutter gesprochen wird, weil das für alle zu schmerzlich wäre, dann rührt sich jeder Gegenstand von der Stelle, und der ganze trostlose Raum verzieht sich.

In meinem Wortgebrauch bedeutet Beruf die Befähigung zu einer Tätigkeit, der ein gründliches Studium und gründliche Übung vorangehen und die von einer Werkstatt oder einer Körperschaft, von so etwas wie der mittelalterlichen Gilde der Steinmetze und Bildhauer, der *loge maçonnique* oder der *Bauhütte*, zugelassen worden ist. Jawohl, die betreffende Person darf dieses Handwerk ausüben. Das ist immer so, selbst bei den freien Künsten, zu deren Ausübung man sich keine Erlaubnis holt, weder beim Nachbarn noch bei der Geliebten, auf die man eh zu wenig hört.

Die alten Griechen sprachen von *tyché* und *techné*, von Schicksal und Methode. Spirituell betrachtet ist es die *gratia vocationis*, die von Gott oder den Göttern geschenkte Neigung der Seele, heute eher Talent und Fähigkeit genannt, die den Beschenkten von den anderen bis zu einem gewissen Grad auch trennt. Bei Luther ist es «die Würde eines göttlichen Auftrags». Was dann den calvinistischen und den anglikanischen Protestantismus recht weit geführt hat, und uns mit. Die Berufung, ja, die Gnade sind im amerikanischen und europäischen Kapitalismus analog geworden mit Erfolg. Die spirituelle Bedeutung von Berufung ist mit dem sachlichen, geschäftlichen Begriff des *job* an das eine Ende ihrer Laufbahn gelangt. Am anderen Ende ist sie an der rassenbewussten Weltanschauung der Korporationen ziemlich blutig aufgelaufen. Hier wollen wir uns beeilen, in einer neuen Fußnote anzumerken, dass die mönchische Auffassung von Beruf und die geschäftliche und rassistische nicht unmittelbar aneinander anschließen. Dazwischen sind Verwerfungen. Zur Zeit der romanischen Architektur standen die Baustellen unter der fachlichen Leitung von Mönchen, die in Mathematik und Statik bewandert waren, so wie wiederum Mönche die ersten Versuche mit der Kreuzung von Pflanzen machten oder die Werke von Plato und Aristoteles kopierten, übersetzten und gewissermaßen die Edition besorgten, wobei sie da und dort ganz schön danebenkopierten, bis dann mit der Spitzbogenarchitektur weltliche Gemeinschaften Planung und Leitung übernahmen, so wie zur Zeit der Spätgotik der Buchdruck das Kopieren und Textbesorgen von ihnen übernahm. So gelangten Architektur und Text in die Hände weltlicher Handwerker, die aber ebenfalls für die Ausübung ihres Handwerks ausgebildete, dem Berufsgeheimnis verpflichtete Personen waren, nach mönchischem Muster, das bis heute erhalten geblieben ist, auch wenn Gott mitsamt Heil, Gnade, Opfer und Erlösung aus der Sache sozusagen hinausgerutscht ist.

Warum wähle ich das, warum wähle ich jenes nicht. Wie werden meine Verneinungen und Verzichte Teile des Texts. Wie sind in uns das Instinktive und das Bewusste, das Banale und das Historische, das Gefühlsmäßige, das Triebhafte und das Geistige angeordnet. Wer vor mir hat schon eine solche Wahl getroffen. Wer lässt mich so und nicht anders wählen, gegen die Sprache, die in ihrer eigenen Weisheit fast immer eine Lösung anbietet. Wer bin ich, der sich gegen das Gemeinwissen der Sprache stellt. Manchmal trotzt sie richtiggehend, will mir ihre Plattitüden aufzwingen, oder sie will im Gegenteil, dass ich das Thema lasse, mein blödes Maul endlich halte. Wozu sollte ich von einer bestimmten Sache sprechen, wenn es sonst niemand tut.

Über der mönchischen Arbeit ist ein Leben vergangen, oder wie ich zu sagen pflege, habe ich meine lange Gefängnisstrafe fast völlig abgebüßt, und von solchen Dingen zu sprechen war sogar mit Freunden und Kollegen nur selten möglich – höchstens hin und wieder mit Miklós Mészöly und Péter Esterházy.

Denn kaum rührt man an dieses umfangreiche Erfahrungsmaterial, also an die ungeheure Masse der schriftstellerischen Operationen, rutscht die Stimme leicht ins Pathos ab. Als würde man sich brüsten, dass man damit an die Weltachse rührt. Obwohl sich kein Haar, kein Staubkorn bewegt. Obendrein sind meine Freunde tot.

Zu meinem größten Glück lese ich immer noch, lese so, wie mir die wackeren Drucker die Buchstaben präsentieren, aber hin und wieder, selten, sehe ich dahinter doch jemanden. Du, was hast du mit der berühmten Linearität getrieben. In den Fällen, da ich mich zufällig doch an das Thema wagte, dann immer unter vier Augen, oder der andere fing damit an, und da zerriss die schützende Haut, und es hatte kein Ende mit den Einzelheiten der vielen heimlichen Erfahrungen.

Die Wörter haben ihre Entsprechung in der anderen Person.

Wenn man nicht aufpasst, weiß man nicht mehr, wer wer ist.

Jeder Autor, der diesen Namen verdient, schaut aus seinem Raum und seiner Zeit heraus und fragt den andern, was er seinerseits in seinem Raum und seiner Zeit treibe, so, als wären sie beide Mitglieder eines Ordens.

Über diesen speziellen Beruf gibt es natürlich allerlei Annahmen, herumgereichte Mythen, sentimentale Embleme. Die Berufsregeln werden dadurch nicht aufgedeckt, sondern eher verdeckt. Schillers faulender Apfel, Kafkas Vater, Prousts korktapeziertes Zimmer in der brodelnden Pariser Nacht. Beispiele der sinnlichen, ödipalen und wildneurotischen Variante. So etwas wie Nebellichter in der Nacht der Ahnungslosigkeit, eine Art Hilfsmetaphern. Sie handeln nicht von der Arbeit, nicht davon, verdammt noch mal, auf welche Art sie in dem korktapezierten Zimmer ausgeführt wird, von wem, wann und wie, oder was denn ihr Gegenstand wäre, sondern von den Umständen oder der psychischen Verfassung des Autors. Von den Hilfsmetaphern gibt es auch die ideologische, politische oder geschäftliche Variante, die religiöse, die anarchistische, die engagierte, die einschmeichelnde, die abstrakte, die exaltierte, die mystische, die erotische, die okkulte und die esoterische, es gibt das Aufschneiden, alles mit dem entsprechend gefärbten und duftenden Nebellicht.

Wir könnten es auch ein Danebenreden nennen, wenn wir nicht gerade von Berufs wegen verpflichtet wären, mit Urteilen vorsichtig zu sein, vor allem mit unseren eigenen. Danebenreden, Täuschung, Lüge, Verzerrung haben ihre spezifische Kraft, ihre epochale Dynamik, das dürfen wir keinen Augenblick vergessen. Wir müssen ihre bedeutungsvolle Geste in der beachtenswerten Versammlung der Phänomene willkommen heißen.

Damit klar ist, wovon ich spreche, will ich ein Beispiel nennen.

Auch im Zusammenhang mit Imre Kertész ist eine solche absichtliche Täuschung im Umlauf, nämlich dass sein Werk Auschwitz zum Gegenstand hätte. Auschwitz ist höchstens das Thema. Auch bei seinem Schicksalsgenossen Primo Levi ist das Thema keineswegs das Lager, obwohl er dessen Innenleben höchst akkurat beschreibt, sodass wir es uns möglichst ohne Voreingenommenheit und ihm geltender Anteilnahme vorstellen können, das Thema hingegen ist der europäische Humanismus. In einem Raum, in dem dieser nur noch spurenweise oder auch gar nicht mehr vorhanden ist. Möglicherweise sind es, sagt Levi, nicht die paar wenigen Kalorien, denen einzelne Gefangene ihr Überleben verdanken, sondern diese Spuren, Spurenzeichen von Humanismus, die Kalorien sind ja auf ein Drittel der Minimalration reduziert.

Physiologisch lässt sich ein solches Überleben nicht erklären.

Mit der Unterscheidung zwischen Thema und Gegenstand meiner Arbeit mache ich den ersten Schritt in meinem Beruf.

Der Gegenstand von Kertész' Werk ist sprachlich. Seine fachliche Frage lautet, wie er eine Sprache für ein Thema finden kann, das der Erzählung mit allen Fasern widersteht. Empathie würde hier zu kurz greifen. Eine so zugespitzte literarische Situation, in der sich Primo Levi und Imre Kertész wiederfanden, hatte es noch nie gegeben. Eine Situation jenseits der humanistischen Tradition. Levis Sprache ist ihr dennoch verpflichtet, Kertész hingegen greift über sie hinweg. Eine vorgefertigte Sprache gibt es da nicht mehr. Also legt er sich auf Camus' sprachliches Muster fest, auf die erste Person Singular, auf den schmucklosen, kaum erweiterten Aussagesatz, was vom Gesichtspunkt seiner Arbeit keine erstrangige Wahl ist. Die Auschwitz-Erfahrung ist nicht individuell, auch wenn sie von einer bestimmten Anzahl von Personen gemacht wird. Die Folie hinter Kertész' Erzählung ist der Muselmann. So genannt von den Häftlingen, aufgrund einer bis heute nicht geklärten Etymologie. Es sind Personen, die in der Lagervegetation nicht mehr zu den Lebenden gezählt werden können, auch wenn sich die Leichenstarre ihrer noch nicht bemächtigt hat.

Aufrecht umherstolpernd sind sie am Sterben. Sie trafen oder treffen keine Entscheidungen über ihr Schicksal. Einmal in der Morgenfrühe in der Latrine haben sie sich wahrscheinlich doch nebenbei gesagt, dass sie es nicht länger aushalten. Oder sich gesagt, um diesen Preis nicht.

Die Auschwitz-Erfahrung ist nicht individuell, auch wenn Personen sie machen. Das Massenhafte setzt das Persönliche außer Kraft. Es löscht gerade den existenzialistischen Aspekt, an den sich Camus eine Zeit lang wie an eine Ultima Ratio klammerte.

Was nicht persönlich ist, daran kann man sich nicht erinnern.

Ohne Erinnern keine Erzählung.

Über diese Muselmänner genannten Personen können wir nur sehr wenig wissen. Aus dem Tod hat noch nie jemand zurückgerufen. Sie existieren als Menge, mitsamt ihren Brillen, ihrem geschorenen Haar, ihren städtischen Schuhen mit dem einstigen Abdruck ihrer Füße. Wir können sie nicht vergessen, auch wenn ihr Schicksal nicht erzählt werden kann. Sie existieren ohne mögliche Essenz. Kertész sieht es, so ist der Mensch, wenn er keine Individualität mehr hat. Er kann nicht tun, als gäbe es das nicht. Sie stinken, wir sehen, wie die Bewohner von Weimar ins befreite Lager Buchenwald hinausgetrieben werden und angesichts der lebenden Skelette und der ungeschützt herumliegenden Leichen sich tatsächlich die Nase zuhalten. Und dann müssen sie zupacken, die Leichen im eigenen Interesse begraben. Es ist nicht mehr möglich zu tun, als wäre das alles nicht in ihrem Namen, ja, in ihrem Interesse geschehen. Und nicht einmal die, die aus einem unbekannten Grund als Überlebende dageblieben sind, erhalten ihr individuelles Gesicht zurück. Eine solche Sprache gibt es nicht. Niemand hat mehr einen Namen. Und falls doch, so viele Namen und Nummern kann man nicht kennen. Kein Daphnis, keine Chloe, es fehlt der mythologische Urstoff der Erzählung, keine süße kleine Effi Briest, wie sie gerade ihren strohtrockenen Mann betrügt, kein schöner Julien Sorel. Ohne Individualität keine erzählbare Geschichte. Kertész müsste, bevor er zu erzählen beginnt, den Massenmord individualisieren. Das gibt es in der literarischen und sonstigen Tradition Europas nicht. Er hat trotzdem die Lösung gefunden, in einer philosophischen Metapher. Im aufleuchtenden Augenblick des Existenzerlebnisses, mitten im Leiden und dem Leiden zum Trotz. Er nennt es das Glück der Konzentrationslager. Und das Glück ist in jeglichem Speicher des menschlichen Gedächtnisses vorhanden.

Die reine Existenzerfahrung erlaubt uns großzügig und vorausblickend, unter allen Umständen zu funktionieren. Vielleicht vermag das Glück sogar, den Moment des Sterbens einzusaugen.

Kertész setzt das Glück mit dem Zufall gleich. Etwa wenn sich der delirierende Ich-Erzähler, dieser noch halb kindliche Muselmann, an einem warmen Ort wiederfindet, auf der Krankenstation. Oder er setzt es mit Bandi Citrom gleich, einem anderen Menschen, einem stärkeren, älteren, gewitzteren Alter Ego, den der Zufall zu seiner Rettung vor ihn hingetrieben hat und den er dann in Budapest unter den Überlebenden vergeblich sucht. Nicht die Pflege, nicht die Freundschaft, sondern das bloße Funktionieren der Sinne und die Erinnerung an den Lebensgenuss sind hier die eigentlichen Quellen des Glücks. Ein physiologisches Minimum, das gleichzeitig ein ethisches Skandalon in der Menschheitsgeschichte ist. Aber damit wir uns richtig verstehen, die Bagger von Weimar haben zusammen mit den Leichen nicht nur sämtliche ethischen Vorstellungen, sondern auch Aristoteles und Kant in die Grube gekehrt.

Kertész tritt aus der humanistischen Tradition in die Physiologie über und verschafft sich eine begriffliche Genugtuung für das Geschehene. Bitte, da habt ihr das Glück. Seine Genugtuung ist persönlich, und das müsste jeden stutzig machen.

Dann hängt da ein weiteres hübsches Etikett am Beruf, nämlich die Inspiration. Was das ist, wissen wir nicht so recht. Die Musen sind noch in der griechischen Mythologie verankert, am Ursprung der

Erzählkunst. Die Kenner wissen zwar, dass es nicht nur eine griechische Mythologie gibt, sondern zahllose Varianten, je nach Ort und Zeit und kultureller Durchdringung.

In der mythologischen Erzählung bürge nicht ich für die Glaubhaftigkeit, netterweise tun das göttliche Personen. Die Musen vermitteln nur. Sie tippen mit ihrem Stab den Erzähler an, küssen ihn auf die Stirn, vielleicht auf den Mund. Sie sind als Zwischenwesen tätig, und so ergeben sich Glaubhaftigkeit und Verbürgtheit der Erzählung unabhängig von der Person des mythologischen Erzählers. Was noch heute eine wichtige Voraussetzung des Erzählerberufs ist. Nicht ich soll erzählen. Der Vermittler soll das tun. Dieser soll nicht ins Blaue hinausreden, nicht im Fachjargon faseln, und was er sagt, soll Hand und Fuß haben. Ich hatte einen Bekannten, einen unsäglich schwachen Maler, der die Tätigkeit dieser Zwischenwesen, dieser Dämonen, Vermittler, Buddhas, Heilande mit einer heftigen Umarmungsgeste ausdrückte. Du wirst es nicht glauben, rief er leidenschaftlich, wenn wir uns zufällig an einer Straßenecke trafen, ich schöpfe jeden Tag aus dem Nichts, wirklich.

Das konnte er innerhalb einer Woche auch dreimal wiederholen, er schöpfe, aus dem Nichts, und dazu die Geste.

Als wollte er mit den Armen die Luft an sich drücken. Jenes gewisse Nichts mit seinem ungeheuren Gewicht hochheben.

Es würde aber die Kraft des Atlas brauchen, um das luftleere Nichts in die Atmosphäre hineinzuwuchten. Ich meinerseits arbeite täglich mit dem Vorhandenen, aber dass ich dem Nichts nicht begegnet wäre, könnte ich auch wieder nicht behaupten. Um acht Uhr morgens sitze ich an meinem Schreibtisch, in Ausnahmefällen um sechs Uhr, zuweilen um vier Uhr in der Frühe, wenn in den Ordenshäusern und Klöstern die erste Matutin erklingt. Bis zum Mittag stehe ich sicher nicht auf. Ich esse nicht, ich trinke nicht, meine Telefone sind aus dem Verkehr gezogen. Als ich jung war, arbeitete ich durchgehend bis zwei, manchmal drei Uhr. Mein Ordensvorsteher kann mit mir zufrieden sein. Will sagen das Gewissen, das Unbewusste, das Über-Ich oder das Verantwortungsbewusstsein, die alle vom Zustand des Zufriedenseins ja nicht die geringste Ahnung haben. Was bedeutet, dass sie auch die Unzufriedenheit nicht kennen. Die Berufserfahrung besagt, dass ein bestimmter Textzustand, der bei der arbeitenden Person die Freude der erledigten Arbeit auslöst und sie zur Vorstellung verleitet, ihre Bemühungen hätten zu etwas Weltbewegendem geführt, wovon sie möglicherweise in einen ekstatischen Zustand gerät, dass dieser Textzustand morgen und übermorgen der Gegenstand einer radikalen Korrekturarbeit sein wird. Zufriedenheit bringt in diesem Metier gar nichts. Und umgekehrt. Unzufriedenheit verstärkt die Konzentrationsfähigkeit nicht, sie schwächt sie.

Unbedacht ekstatisch darfst du nicht sein, aber auch unzufrieden nicht.

Wir arbeiten mit Emotionen und Affekten, aber in unserer Arbeit darf keine unserer persönlich gefärbten, sozusagen privaten Emotionen undurchleuchtet bleiben. Ich wiederhole, undurchleuchtet dürfen sie nicht bleiben.

Man muss die Sache überschlafen.

Morgen dann noch ein bisschen schläfrig die Arbeit in Augenschein nehmen und wie fast immer ein bisschen daran feilen. Was nicht heißt, dass der Text endlos verändert werden kann. Ausschmücken hat Gewicht, Streichen hat Gewicht. Es braucht eine Struktur, die das aushält. Dann kommt der Augenblick, da der Text nicht mehr auf die Korrektur reagiert. Man wirft ihn weg oder lässt ihn so, wie er ist. Wird er weiter mit Korrekturansprüchen belagert, beginnt er zu faulen, und plötzlich scheint auch sein statisches Gerüst durch. Da muss das kontrollierende, seiner Affekte und Triebe beraubte, durch und durch Ich-los gemachte Ich aufpassen. Und vielleicht zu einer früheren, gröberen, roheren, weniger durchgearbeiteten, das heißt unvollkommeneren, brutaleren Variante zurückkehren. Der Anspruch auf Vollkommenheit ist kein guter Ratgeber. Ja, wir streben nach Harmonie, aber gleichzeitig auch nach Freiheit und Unabhängigkeit, und also sind wir bei Weitem keine harmonischen Wesen, wir sind zerrissen, bereit zur Selbstvernichtung und zur Vernichtung der Welt.

Im unterirdischen Labyrinth des Marbacher Literaturarchivs durfte ich einmal einsehen, wie Paul Celans Gedichte entstanden waren. Er schrieb jeden heiligen Tag an jenem einzigen Gedicht. Er verbrachte seine Tage mit den Varianten eines ewigen Provisoriums. Keine Variante, über die er nicht noch einmal gegangen wäre, mit Bleistift, Füllfeder, Schreibmaschine. Zwischendurch gab es allerdings schon Tage ohne Änderung. Aber auch dann schrieb er den Text neu. Da man sich ja nur mittels Schreiben vergewissert, ob sich etwas geändert oder nicht geändert hat. Es durfte kein Tag vergehen, ohne dass er den Text noch einmal mit eigener Hand geschrieben hätte. Nur so konnte er sich vergewissern, dass sich der Text verändert hatte beziehungsweise gleich geblieben war. Und nach dem Durchprobieren aller dieser Variationen würde er dann vielleicht die vorläufig endgültige Variante finden. Das war damals die Utopie des Schreibens. Die vorläufig endgültige Variante. Ich selbst bin in diese utopistische Schule gegangen. Aber gibt es überhaupt das Endgültige, ist die Welt nicht einfach Übergang. Am nächsten Tag änderte er doch wieder am Gedicht, um die Änderung am folgenden Tag beim Neuschreiben brüsk rückgängig zu machen. Dieses Rückgängigmachen veränderte, verzerrte im Raum des Gedichts dennoch etwas, das er, der Spur der bis dahin gemachten Veränderungen folgend, am nächsten Tag fassen konnte. Er ließ dieses Etwas stehen oder änderte erneut, und nur er war fähig, es zu sehen. Niemand sonst. Wenn das ein Leerlauf war, so sicher kein vergeblicher. Ob er am Gedicht etwas änderte oder nicht.

Celan beschäftigte sich mit Relationen, mit den Verhältnissen diesseits und jenseits der Sprache, mit den dokumentierbaren und nicht dokumentierbaren Konstellationen der Empfindung. Zuweilen scheint er in die Nähe der Philosophie zu geraten, ja, scheint nicht nur, sondern gerät auch, und es macht den Eindruck, als folge er verschiedenen philosophischen Schulen und hätte vielleicht diesen oder jenen Philosophen nicht ganz so aufmerksam gelesen. Heidegger war bestimmt wegen dieses philosophischen Einschlags von Celans Dichtung angezogen, und ihn las Celan denn auch aufmerksam.

Der wesentliche Unterschied zwischen Philosophie und Dichtung zeigte sich erst, als sie sich auf Heideggers Betreiben mehrmals persönlich trafen und in den zwischen ihnen gähnenden Abgrund blickten. Zuerst mochten sie denken, ach nein, da ist nur ein kleines Missverständnis, aber schon beim zweiten Mal sahen sie, was dieser andere nicht sah und nicht sehen wollte und wie er sich entsetzt abwandte, statt dem anderen in die Augen zu blicken.

Wenn wir für etwas Erfahrenes keinen Ausdruck finden, müssen wir wissen, warum nicht, oder wenn doch, warum wir ihn nicht für adäquat halten, oder aber, warum wir in einen philosophischen Gemeinplatz hineingestolpert sind.

Nach mehr als sechs Jahrzehnten Arbeit, also mit der Erfahrung, was es heißt, das Existenzgefühl diesseits der Sprache und das jenseits der Sprache auseinanderzuhalten, kann ich von der Tätigkeit der Musen zumindest so viel berichten, dass es den Kuss mit Sicherheit nicht gibt. Weder auf den Mund noch auf die Stirn. Obwohl doch der Kuss höchst gewichtige anthropologische Implikationen hat. Davon erfährt unser geschätztes Ich, wenn wir in unserer Gegenseitigkeit den Orgasmus hinter uns haben und der Kuss aus irgendeinem Grund immer noch aktuell ist, und sei es auch nur, dass wir ihn aus Dankbarkeit wieder aufleben lassen. Trotzdem können wir nicht sagen, wie das zugeht. Der Kuss beendet den Wunsch nach Vereinigung oder facht ihn neu an, damit ich nicht ich sei. Wir wollen er sein.

Mit oder ohne Kuss, die Inspiration müssen wir als die erotische Koketterie der vor-massengesellschaftlichen spießbürgerlichen Epoche ad acta legen.

Heute nennen wir es Konzentration.

Der Vermittler ist eine Person. Dank ihr können wir uns vorstellen, was geschieht, beziehungsweise was nicht geschieht, wenn sie nicht präsent ist.

Bei Sokrates heißt der Vermittler Dämon oder Daimon, und der Dämon oder Daimon hat Eigenschaften. Konzentration hingegen lässt uns gleichzeitig zu Subjekt und Objekt werden, wobei höchstens ihr Grad gemessen werden kann. Eine Person, die gleichzeitig Subjekt und Objekt ihrer Tätigkeit ist, lässt sich außerhalb des Rahmens der Selbstanalyse nur schwer vorstellen. Sie existiert nur virtuell, und doch wird es eine unserer Aufgaben sein, sie zufriedenzustellen. Wollen wir uns den virtuellen Vermittler vorstellen, müssen wir an Subtilität denken, die eine Gabe der einen oder anderen Muse sein mag oder einfach in den organischen oder chemischen Komponenten der Konzentrationsfähigkeit wurzelt, aber auch an Direktheit, oder auch an Zärtlichkeit, Rohheit, Verlogenheit, Brutalität. Es ist das Gleiche wie mit der Wissenschaft, die Dinge und Phänomene nicht erfindet, sondern sich mit ihren eigenen Maßstäben unter ihnen wiederfindet und uns ihre Relationen beschreibt. Na ja, dort, wo das Subjekt sich als Objekt sieht, braucht es so direkt auch wieder nicht zu sein, sonst gerät es in die Falle der Selbstanalyse oder wird gleich wahnsinnig. Ebenso hat die Subtilität ihre objektiven Grenzen. Den Unterschied zwischen geschriebener und gesprochener Sprache müssen wir unter allen Umständen wahren. Wir müssen auch die Gegebenheiten der Sprache vom zufällig-persönlichen Sprachgebrauch trennen. Und das nicht nur ansatzweise, hier braucht es eine scharfe Trennung. Wenn sich kein Vermittler dazwischenstellt, zwischen die grammatikalischen Formen und den persönlichen Sprachgebrauch, zwischen das mir in jeder Lage eigene Ich und den Erzähler und den Protagonisten und die einvernehmlich verwendete Sprache, dann ist der Text im besten Fall dokumentarisch.

Vermittler aber kann vieles sein, eine Person, aber nicht ich, das Ich einer imaginären oder wirklichen Person, du oder er, wir, ihr, sie, kurz, eine Zwischenperson, aber um Himmels willen nicht ich als Zwischenperson; im realen Leben gibt es nur eine Vermittlerin, die Empathie, da sie ja nur anderen gegenüber funktioniert. Die für mich selbst empfundene Empathie nennt man Selbstmitleid. Der Vermittler kann auch ein harmonisches Prinzip sein, ein musikalischer Rhythmus, ein statisches oder strömungsdynamisches Prinzip, eine Einsicht, ein höheres Ich, ein einziger Gott unter den möglichen Göttern, es kann Jesus Christus, der Buddha oder auch der Prophet Mohammed sein und natürlich die in der höchsten Sphäre wohnenden griechischen Götter persönlich, mit den werten Namen Zeus und

Hera. Ich sage euch bei Zeus, der Vermittler darf nicht ich sein. Was einst auf dem Gebiet der musischen Berufe offensichtlich so verstanden wurde, dass das erzählende Ich ein anderes Ich im Ich ist. Für die Zeit der Erzählung bin ich nicht ich, besser gesagt, nicht mein in meinem Ich enthaltenes anderes Ich, wie es ein jeder hat. Das ist die erste Berufsregel. Das Nicht-Ich. Nicht einmal das in meinem Ich enthaltene Ich.

Der Vermittler in diesem Beruf ist nicht das in meinem Ich enthaltene Ich, sondern so etwas wie der Katalysator in einer chemischen Reaktion. Wir brauchen nicht zu befürchten, dass er andere Elemente von ihrem Platz verdrängt, das Ich, oder mein im Ich enthaltenes Ich, oder mein sich aus dem im Ich enthaltenen Ich rückwärts heraustehlendes Ich. Der Katalysator initiiert, induziert, ohne ihn kommt der Vorgang nicht zustande, er verlangsamt oder beschleunigt die Vereinigung, den Zerfall oder die Substitution, das aber nur und ausschließlich bei einem Vorgang, der auch tatsächlich Beschleunigung oder Verlangsamung verlangt.

Von der Idee der Allmacht soll nur so viel bleiben, mehr nicht.

Die Musen machen uns aber auch darauf aufmerksam, dass ihr Musenhandwerk längst nicht aus dem Streben nach Wahrheit besteht. Messbare, experimentell erhärtete Werte und Wahrheiten, die

Fußnote und die Dokumentation müssen sie der Wissenschaft überlassen. Die Musen sind bereit zu lügen, bereit, aus unbekannten, ja, zweifelhaften Quellen zu schöpfen, zu flunkern, zu betrügen, zu stehlen, zu fabulieren, zu phantasieren. Karl Kerényi, der die Sprache der Musen auszulegen verstand, betrachtete ihre weitgefächerte Bereitschaft zum Fabulieren als einen Teil der Wahrheit.

Die Entdeckung ihrer doppelten Botschaft, vom Schönen und vom Wahren, von der Kunst und von der Wissenschaft, zwischen denen keine Korrelation besteht, ist eine überraschende Wendung in der Geschichte des menschlichen Bewusstseins.

Das Doppelte an sich ist die Überraschung. Es führt aus den magischen Bewusstseinsinhalten heraus, wie wir sie bis heute mitschleppen, und bereitet den Boden für das mythische Denken, ohne das es auch unser großartiges abstraktes Denken nicht gäbe, und also auch nicht diese ganze verdammte Moderne mit ihren Instrumenten und ihren temperierten oder auch weltzerstörenden Allwissenheitsansprüchen und halb garen Technologien.

Es gibt sie aber.

Ohne das mythische Denken gäbe es keine Raumfahrt, und ohne es hätten wir auch die Meere nicht verschmutzen können.

Wir wissen auch, dass das menschliche Wesen ohne seine Lügen und seinen Wissensdurst nicht sein kann, aber damit rührt man noch nicht an die Wahrheit. Die Lüge, was immer ihre ethische oder ästhetische Motivation sein mag, ist Distanz. Die an den Objekten Maß nehmende Distanz der objektiven Betrachtung. Die Fähigkeit zur Distinktion müssen wir in jeder Lebenslage und in jeder Erzählposition pflegen, jede Katze, jedes Krokodil tut das auch. Die Lüge mag ja eine primitive Form von Distanz sein, aber Distanz ist sie, und so ist sie in der Geschichte der notwendig vermittelten Erzählkunst die erste, sozusagen naive Station.

Diese niederschmetternde und erhebende Erfahrung, dass das Denken ohne die Distinktion und ohne die Formen der Vermittlung nicht sein kann, ist die zweite Berufsregel.

Die ritualisierten Forderungen von Eltern, Erzieherinnen, Moralphilosophen, Predigern oder auch ethnischen Gruppen und ausgereiften Massengesellschaften sind leider keine Parameter für unseren Beruf, aber bei der Analyse historischer Verhaltensmuster sind sie lehrreiches Beobachtungsmaterial.

Was in der Sprache der Musen bedeutet, dass jeder Sterbliche fähig ist, Wahrheit und Lüge zu unterscheiden. Dafür braucht man weder Wissenschaftler noch Dichter zu sein.

Auch die mythologischen Götter verwandeln mit voller Absicht ihre Gestalt, täuschen und beschimpfen einander absichtlich, sie lügen absichtlich oder sind in einem Moment gerecht, in dem sie besser den Mund halten würden.

Dem Menschen müsste also eine göttliche Fähigkeit innewohnen.

Sie wohnt ihm tatsächlich inne, das ist die gute Nachricht. Und wenn nicht, so hat doch jeder hin und wieder in Bruchstücken Anteil an ihr.

Wir haben also seit Urzeiten die Musen, die neun Töchter des Zeus. In neun aufeinanderfolgenden Liebesnächten hat er sie gezeugt, mit der Göttin der Erinnerung, Mnemosyne. In neun aufeinanderfolgenden Nächten. Das Erinnern ist Mnemosynes Beruf. Auch der Erzähler kann nicht ohne Erinnerung sein. Die Erzählung ist immer Vergangenheit.

Mnemosynes Beruf ist es, im Bewusstsein der Sterblichen Lüge und Wahrheit zu trennen. Die sind bei ihr in verschiedenen Schubladen, und so auch in verschiedenen Schubladen in der Erinnerung der Sterblichen. Damit Realität und Fiktion in dem ganzen Tumult nicht durcheinandergeraten. Sie, die Mutter der Musen, die über die verschiedenen Schubladen wacht, soll unsere Zeugin sein. In der Perspektive des Erzählerberufs sind nicht Wahrheit und Lüge wichtig, sondern deren Perzeption, deren Wahrnehmung, das Wahrnehmen selbst. Der Impuls, der im sogenannten visuellen Cortex des Hirns die Wahrnehmung überhaupt erst ermöglicht.

Und da ist nicht das Wort, sondern das Bild. Zuerst das Bild, dann das Wort. Ein ziemlich vergängliches Bild, ja, aber eins, das man heraufbeschwören kann, wofür wiederum Mnemosyne sorgt. Zuerst das Bild, der Ton, der Geschmack, die Berührung und die Intuition, dann erst das Wort. Auf diese durch die Sinne beglaubigten Wörter hat sich die Welt der Begriffe aufgebaut, und diese Reihenfolge ist im Bewusstsein bis heute erhalten geblieben. Nicht nur in meinem Bewusstsein, sondern im Bewusstsein aller. Wir alle haben Erinnerungen an eine aus rein sensoriellen Erlebnissen und Eindrücken zusammengesetzte Welt, und diese wird ebenfalls von Mnemosyne heraufbeschworen. Mnemosyne zielt aufs Kollektive, schlicht gesagt auf unsere Sensualität, auf die Ebene des geschlechtlichen Empfindens, wo wir alle gleich sind, ja, auch den Säugetieren gleich, bestimmten Vögeln und sogar den Kaltblütern. Das ist die dritte Berufsregel. Zuerst das Bild, dann das Wort.

Nach dieser primären Wahrnehmung folgen die gefühlsmäßige und die verstandesmäßige Wahrnehmung, die Stationen der reflektierten Aufarbeitung mit den jeweiligen Hausordnungen, Glaubensinhalten, Mythologemen, Riten, Religionen und Philosophien.

Was in der Perspektive meiner Arbeit bedeuten würde, dass das Geschriebene nicht vom Thema beglaubigt wird, nicht vom Erzählmodus, nicht vom

Wie der Geschichte, nicht vom Wahrheitsgehalt der Fabel, nicht von der Story, nicht von der Dokumentierbarkeit des Sujets oder des Plots, nicht von der Unabhängigkeit oder den Abhängigkeiten des Autors, nicht von seiner Phantasie und nicht von seinem Wissen, das nebenbei aus der mit allen Sinnen wahrgenommenen Verpflichtung gegenüber jedem einzelnen Textteil bestehen müsste, sondern von der Vermitteltheit aller dieser Elemente.

Von der Kraft, die der kontrollierten primären Wahrnehmung entlehnt ist, also von den sichtbar gemachten Reflexionen, ihrer Anzahl, Ebene und Qualität. Vom Sichtbarmachen ihrer selbstständig gewordenen Logik und ihres Bezugssystems.

Das Bezugssystem der mentalen Operationen und der Sehnsüchte, Absichten, Empfehlungen, strengen Verbote, des Willens, des geografischen Orts, der Weltgegend, des Lebensalters, des gesellschaftlichen Status. Die Verortung dieser Faktoren in der jahrtausendealten Geschichte des Schreibens, aus der keine Wegstrecke, keine Station, keine Sparte, nichts, ich bitte sehr darum, rein gar nichts weggelassen werden darf. Auch nicht das Wohlfeile, Billige, der Kitsch. Das dysfunktionale und disharmonische System der Wahrnehmung, der Empfindung, des Affekts, der Sehnsucht und der Absicht wird im Text zum einzigen noch fassbaren Gleichnis des unüberblickbaren Chaos.

Die Götter haben die Wahrnehmung einzig dem Funktionieren der Sinne und der Elektronik der Gehirnzellen anvertraut. Die Wahrnehmung ist neutral, meine genauso wie die der anderen. Das Gewahrwerden, das heißt die reflektierte Wahrnehmung der Tatsache, dass ich mit meinen Sinnen etwas wahrnehme, ist hingegen bei Weitem nicht neutral, und das Erfassen, die Zurkenntnisnahme verrichten ihre segensreiche Arbeit in Funktion von kollektiv angeeigneten und regulierten, vorgeformten Inhalten. Wir dürfen also nicht erwarten, dass Mnemosyne speziell uns zuzwinkert und uns während der Arbeit begünstigt. Das gibt es nicht, dass wir uns an das Eine erinnern, ans Andere nicht, an dieses falsch, an jenes richtig. Das absichtliche und das unwillkürliche Erinnern sind zweierlei. In den separaten Schubladen hat, solange wir leben, jede Wahrnehmung Platz, aber das Erinnern folgt verschiedenen Mustern.

Mnemosyne hält alle Wahrnehmungen fest, und das soll uns genügen.

So weiß man nicht erst in der Stunde seines Todes, warum man das und jenes so und nicht anders getan oder gesagt hat, man erinnert sich auch haargenau, warum man mithilfe der Fiktion mehr oder weniger stark von der Wahrheit abweichen musste, warum man das und jenes verzerrt, warum man über das und jenes geschwiegen hat. Vielleicht schwieg man aus purer Höflichkeit. Oder man suchte seine liebe Bequemlichkeit. Oder suchte sein Fell zu retten. Oder seinen Jahresertrag zu vergrößern.

Man muss Rechenschaft übers Erinnern ablegen, ohne kontinuierliche Rechenschaft funktioniert auch der Denkmechanismus nicht. Oder er funktioniert flügellahm. So wie er auch ohne Vergessen nicht funktioniert.

Das Vergessen gehört genauso zu unseren vitalen Funktionen wie das Erinnern, und so sind sie für die Berufsregel gleichrangig. In diesem Sinn wird auch verständlich, warum zuweilen jemand für eine banale Lüge sein Leben opfern muss, oder warum jemand zum Opfer des eigenen Vergessens wird. Mnemosyne betrachtet nicht nur jede Lüge, sondern auch das Vergessen als Wahrheit. Die Musen erlauben zwar dem Menschen, nach Wahrheit zu streben, so wie es der gute Aristoteles tat und lehrte, aber es ist nicht im Namen der Wahrheit, sondern im Namen der Erinnerung, dass sie nicht zulassen können, dass jemand seine Lügen vor ihnen versteckt oder vergisst.

Es gibt kein Vergessen, nicht einmal dann, wenn wir uns zu unserem größten Glück nicht dauernd an alles erinnern. Diese Berufsregel folgt aus den drei vorangehenden. Und wenn die Musen das Vergessen und auch das Erinnern nicht erlauben können, dann en bloc nicht, ohne Konzession an Fall, Gegenstand, Gebiet und Person, und auch sich selbst gestatten sie keine Lügen, sowenig wie uns, sie erlauben uns auch keine einzige unreflektierte Wahrheit.

Sie erlauben es dem Haustyrannen genauso wenig wie dem Diktator, ja, nicht einmal dem mächtigsten Himmelsbewohner da oben, Zeus, können sie es erlauben.

Ich gab einmal, zur Klärung dieses Punktes sei es erzählt, dem Schweizer Radio ein langes Interview, und gegen Ende des Gesprächs fragte mich der Journalist zuvorkommend, ob es noch ein Thema gäbe, über das ich gern sprechen würde.

Thema nicht, sagte ich, die thematische Literatur ist ein anderes Paar Schuhe, das ich nicht benutze, aber von meiner Arbeit spräche ich gern einmal im Leben. Der Journalist schaute mich verdutzt an. Wir hatten ja auch bis dahin von nichts anderem gesprochen. Ich wehrte ab, wir hätten von den Umständen gesprochen, aber vom Wesen der Arbeit, von ihren Instrumenten, ihren Operationen, ihren Abläufen kein einziges Wort.

Das würde das Publikum wahrscheinlich auch gar nicht interessieren. Es interessiert sich ja auch nicht dafür, wie eine Blinddarmoperation abläuft, das muss der Chirurg wissen, und der darf es auch dann nicht vergessen, wenn er sich mit den Anomalien der Finanzierung des Gesundheitswesens beschäftigt. Was passiert mit einem Text, wenn ich Sachen streiche. Das zum Beispiel ist eine sehr heikle Operation, aber warum sollte sie jemanden interessieren, wenn die Sachen ja nicht im Text stehen. Péter Esterházy und ich haben einmal gemeinsam festgestellt, dass sie eben doch da stehen. Wir haben uns in diesem Wissen gleichsam gegenseitig bestärkt. Sagen wir, ich streiche etwas von den fiktiven Elementen, um die Aufmerksamkeit auf eins der dokumentarischen Elemente zu lenken. Nicht die Aufmerksamkeit anderer, sondern meine eigene. Damit ich sehe, ob die Textelemente in jeder Hinsicht der Textstruktur entsprechen. Ob die beiden Ebenen aufeinander verweisen, ob sie sich harmonisch verhalten. Gegebenenfalls muss ich die fiktiven Elemente etwas zurückstutzen, meiner eigenen Phantasie an die Gurgel gehen. Und was geschieht, wenn ich etwas einfüge, Daten, Fakten, Teile der Wirklichkeit, oder wenn ich im Gegenteil das Faktuelle verabschiede und der Phantasie freien Lauf lasse, soll sie fliegen oder sich geradezu austoben. Was bei allen diesen Entscheidungen jeweils geschieht, davon allerdings hatten wir nicht gesprochen. Das Herz schlägt täglich vierzigtausendmal, aber wer in seinem Leben nimmt wahr, was das für eine wahnsinnig anständige Leistung ist. Der selbstvergessene Mensch betrachtet den Herzschlag als gegeben.

Als Autor kann ich nicht so selbstvergessen sein, ich muss fragen, wer in mir den Mangel an Selbstwahrnehmung wahrnimmt, den Überschuss an Selbstvergessenheit, wer nimmt das Maß wahr, die Maßlosigkeit und die Maßeinheiten.

Die Frage, das Fragen an sich, bin auch ich, so wie das Herz mit seinen täglichen vierzigtausend Schlägen.

Das Streichen kann Spannung erzeugen. Die Einfügung kann Fülle suggerieren, oder sie kann den Elementen zu einem bequemeren Platz im Text verhelfen. Der Anspruch auf Bequemlichkeit ist gemäß der Regel kein guter Ratgeber. Auch die Spannung lässt sich auf die Dauer nicht ertragen. Deshalb bemühe ich mich, Stoff und Struktur in den richtigen Proportionen zu halten, auch wenn ich weiß, dass nicht die Proportionen vorrangig sind, sondern die stumme Struktur des Texts dominant bleiben muss.

Das wird die fünfte Grundregel sein, die aus den vier vorangehenden folgt.

Mit welchen psychischen oder physiologischen Systemen sind meine den Text betreffenden Entscheidungen verknüpft, was für Systeme bilden die Folgen von Entscheidungen. Im guten Fall ist evident, dass diese individuellen Systeme nicht der Text sind, sondern das Muster der inhaltlichen Elemente, also Struktur.

Das Muster dafür, wie sich der spezifische Sprachgebrauch meines Texts zum allgemeinen oder beliebigen Sprachgebrauch verhält. Auf welchen Mustern beruht er, ist er an Mustern reich oder arm, wird er an bestimmten Textstellen reicher oder ärmer, geschieht das mit Verdichtung oder Ausdünnung, in welchem Rhythmus, und wie kommt es, dass er auf zwei Beinen steht, oder ist er im messbaren Mustergefüge instabil, und wenn ja, weswegen. Natürlich, je nach Thema und Gegenstand muss der Sprachgebrauch einmal stabil, einmal instabil sein. Was ist dabei individuell, was kulturell tradiert, was zeitgemäß, und was ist im Zeitgemäßen das Magische, was das Mythische, welches sind die epochenübergreifenden Elemente, welches die an einer bestimmten Epoche gemessen regressiven Elemente, welches, wiederum an anderen Epochen gemessen, die progressiven Elemente.

Es mag komisch klingen, aber ich würde doch sagen, dass die stumme poetische Struktur in jedem literarischen Werk, das etwas auf sich hält, um einiges wichtiger ist als die Geschichte und auch als der Text selbst.

Und da haben wir noch nicht von der Frage gesprochen, sagte ich zu dem wirklich sympathischen Schweizer Journalisten, während ich aber doch verfolgte, wie der Techniker hinter der Glaswand ungeduldig hantierte und mit unverblümten Gesten bedeutete, dass unsere Zeit abgelaufen war und wir uns zum Teufel scheren sollten, was diese auf dem Gebiet der Phantasie und der Erfahrung vollzogene Entscheidungsarbeit zusammen mit der stummen

Masse der dazugehörigen experimentellen und kontrollierenden Mechanismen in der Entwicklungsgeschichte des menschlichen Bewusstseins darstellt und wo wir in diesem historischen Augenblick damit stehen. Etwa auf einem Bergkamm der Entwicklung, auf dem Gipfel der sich aus dem Mythologischen heraushebenden Bewusstseinsinhalte oder vielleicht auf einer langweiligen Hochebene ohne die geringste Aussicht auf einen Höhepunkt, in der Sandwüste des Manierismus, wo man nichts anderes tut, als vom Morgen bis zum Abend das bereits Gewusste zu wiederholen, Sand rieseln, Gebetsschnüre wirbeln zu lassen, wären wir also auf dem absteigenden Ast unserer Zivilisation, auf einem gefährlichen Holzweg, wieder am Rand eines Abgrunds, angelangt bei der Zerstörung der Welt, wobei ich das alles auch ausdrücken kann, indem ich nach der Logik meiner Interpunktion frage, nach der jeweiligen Länge oder Kürze meiner Sätze, nach der Logik meiner Absätze.

Während mindestens sechs Stunden am Tag schaffe ich etwas, das keine fertige Form hat.

In den restlichen sechs Stunden bereite ich mich geistig auf die Arbeit des nächsten Tags vor.

Ich tue genau das Gleiche wie die Reinigungshilfe oder die Chirurgin. Auch wenn es klar ist, dass ich nach einer Form strebe, die alle mir bekannten Muster aufnimmt, sehne ich mich eigentlich nach Harmonie, diese Sehnsucht lenkt mich, lenkt in einem chaotischen Universum mein Bedürfnis nach Ordnung und Systematik, aufgrund meiner vorgefertigten Muster strebe ich nach Ordnung, in einem Rahmen, der größer ist als ich, und als chaotisches Wesen vergrößere ich noch das Chaos mit meiner ewigen Ordnungmacherei. Gibt die Ordnung der durchgeführten Operationen die Form vor, oder tritt die mithilfe von kontrollierten Gefühlen und Gedanken zu Text gewordene Sehnsucht in den Rahmen bekannter Formprinzipien ein. Wie gliedere und rhythmisiere ich den Text im Interesse der Ordnung oder, bescheidener gesagt, im Interesse der Systematik, anhand welcher Tonfolge nähere ich meinen Gegenstand an, und welchen Atem soll ich der Gliederung geben, damit der Text die gewünschte Form erhält, wessen Atmung folgt also der Text, der des gegebenen Gegenstands oder meiner eigenen, und hat denn überhaupt jedes Wesen seine Musikalität und seinen Rhythmus. Ein Herzschrittmacher gibt zwar im Prinzip jedem Herzen den gleichen Rhythmus vor, aber wie man weiß, bewahrt jeder Herzschlag dennoch eine Eigenheit. Wie und woraus entsteht die Musikalität der Sprachen, kann ein Text eine eigene Musikalität haben, soll er eine haben, und wenn ja, was für eine, welchem anthropologischen Muster würde der Atem des Satzes und der Sätze folgen, welche anthropologische Bedeutung hätte er.

Teils mit empirischen Mitteln, teils anhand von

Recherchen, die ich anhand des Wissens und der Erfahrung anderer kontrolliere, beschäftige ich mich mit Fragen, die im Text nicht aufscheinen, als Spannung aber dennoch präsent sind. Zum Beispiel, wie schon eingangs erwähnt, meine den Wortschatz betreffenden negativen Entscheidungen. Wann verwende ich etwas nicht, obwohl es die Alltagssprache oder die literarische Tradition verlangen würde. Eine Menge solcher negativer Entscheidungen, die sich auf die Satzstruktur, die stilistischen Erfordernisse der Sprache oder auch auf die grammatikalischen Regeln beziehen. Mich interessiert nicht nur die Bedeutung eines Worts, sondern auch seine Lautgestalt. Und da beides maßgeblich ist, muss ich die Wortfolgen dem Rhythmus anpassen oder im Hinblick auf die Intonation unter den Synonymen auswählen. Den Rhythmus wahren und dazu das Synonym mit der entsprechenden Lautgestalt suchen, nicht umgekehrt, oder dann gerade den Rhythmus brechen, den Text mit rhythmusfremden Elementen aus der rhythmischen Monotonie herausheben, und dazu das Synonym suchen. Monotonie ist für den Text ein tödlicher Schlag, aber zuweilen brauchen wir sie gerade deswegen. Unserem Text einen Schlag versetzen. Oder dann gerade in windstille Gewässer rudern, nur keine Überraschungen, in den Hafen gelangen. Oder im Gegenteil, einen Textsturm entfachen. Und dann ist da der Rhythmus von langen und kurzen Sätzen. Im Fall der Wiederholung, des Playbacks, die strenge Trennung zwischen Wiederaufnahme und Modulation. Das System der Wortwiederholungen, Satzvarianten, das Einbauen bekannter fremder Texte, Verweise auf bekannte fremde Texte, Zitate, Paraphrasen, Selbstverweise. Die Synchronie oder auch Asynchronie von Textrhythmus und Handlung. Das Verhältnis von Länge und Intensität der verschiedenen Handlungsstränge, und überhaupt die Techniken der Handlungsführung. Das ideale Verhältnis von Symmetrien und Asymmetrien im Textganzen, beziehungsweise ihr von ihrem Stellenwert bestimmtes Verhältnis. Das alles führt zu statischen Erwägungen. Das stumme poetische Gerüst muss Volumen, Gewichte und Gewichtungen tragen und darf auch keinen Augenblick vergessen, dass der Mensch nach Harmonie strebt, aber immer wieder Disharmonie und Chaos schafft. Die Liebe führt ihn ins Chaos, und die Erfüllung ist das Pausenzeichen der Weltordnung. Der methodische Umgang mit dem Nicht-Vorhandenen, das Aufbauen von begrifflichen oder thematischen Absenzen, die nachdrückliche Präsenz von abwesenden Personen im Text, die Stärke oder Schwäche dieser Präsenz. Die Änderungen des *point de vue*, das Hin und Her zwischen der Totalen und dem Close-up, die Geschwindigkeit des Heranfahrens und Wegfahrens, der Rhythmus des Gesichtspunktwechsels.

Anhalten, tote Punkte, Stocken. Vom Gegenstand bedingtes Stocken. Von meiner Person bedingtes Stocken. Die natürlichen Grenzen der auktorialen Allmacht, die tiefen Bruchlinien in der Form, das Verhüllen oder Sichtbarmachen derselben. Das Abwechseln von Außen und Innen, von Äußerem und Innerem, oder dann Sprünge, ein Verrutschen, zuweilen brutale Schnitte. Das Verhältnis von Deskription und Dialog. Die Stelle der Absätze, ihre Länge oder Kürze, ihre aneinander und an der Handlungsführung gemessenen Proportionen.

Der Erste Satz des Kapitels, und überhaupt der erste Satz, das *entrée*, der Einstieg. Wie steige ich in den Text ein, also in einen Ablauf, einen Verlauf, eine Szene, einen Dialog, eine Reflexion, woher trete ich ein, wer tritt ein. Oder dann der Abgang, der Abschluss, die *sortie*, wie trete ich aus dem Text hinaus, welches wird mein letzter Satz des Kapitels sein, welches das letzte Wort in meinem Leben. Und dann die Lautstärke, die nicht nur mit Reflexion oder auktorialem Kommentar erreicht und in den Satz eingebaut wird. Es gibt laute Sätze. Es gibt notwendig laute Sätze. Es gibt unnötig laute Sätze, die nötig sind. Und so gibt es auch leise Sätze, peinlich oder unnötig leise Sätze, die in einem bestimmten Kontext notwendig sind, und so weiter, ich könnte noch lange fortfahren. Das alles gleicht ein wenig dem, was die heutigen Physiker, Biochemiker und Astronomen sagen, denen das Verhältnis zwischen den Einzelteilen wichtiger scheint als die Materie, aus der sie bestehen. In dieser Anschauung ist die Welt nicht auf Materie gebaut, sondern auf Strukturprinzipien, die zwischen den verschiedenen materiellen Phänomenen einen Zusammenhang herstellen. Eine durch und durch auf der Vielzahl beruhende Welt, in der jedes Ding, das uns vor Augen kommt, eine Variante ist.

Verblüfft schrak er vor mir zurück, dieser in Aufmerksamkeit bewanderte Schweizer. Kein Wunder, das Mikrofon war ja längst ausgeschaltet, der Techniker hinter der Glaswand packte demonstrativ seine Sachen. Der sanfte Radiomann verjüngte sich vor meinen Augen plötzlich um zwanzig Jahre. Ich sah einen wütenden Halbwüchsigen vor mir, der jetzt von seiner strengen Schweizer Erziehung gezwungen wurde, seine Wut mit der Vorsicht zu löschen. Ich sah ihm an, dass er am liebsten so wie der Techniker mich zum Teufel gewünscht hätte, aber ich sah auch, wie es ihm gelang, seine Emotionen und das von ihm erwartete Verhalten zu trennen. Um ihn zu trösten, sagte ich, er sei nicht der Einzige, der mich zu alledem nicht befragt habe. Man fragt mich höchstes, ob ich von Hand schreibe oder direkt in den Computer. Das hatte er zum Glück nicht gefragt. Ob ich morgens schreibe oder nachts. Ob ich davon leben könne. Ob ich das Ende der Geschichte von vornherein kenne, und so weiter. Natürlich kenne ich sie. Auch davon sollte man einmal sprechen. Aber nicht vom Tod. Auch nicht von Mord, Vatermord, Königsmord. Der Tod hat keinen eigenständigen ästhetischen Wert. So wie auch der Anfang des menschlichen Lebens nicht die Geburt oder die Zeugung sein kann. Aufgrund meines Berufs muss ich mich auch mit Biografie beschäftigen, das schon, aber biografische Daten können trotzdem nicht die Maßeinheit der Erzählung sein. Ich muss wissen, woher ein Mensch wirklich kommt und wohin er verschwindet, was von ihm bleibt, auf welche Art er wegfällt. Wenn ich aber bei alledem nicht weiß, wie meine Geschichte ausgehen, ja, wie ihr letzter Satz lauten wird, kann ich diese ganze Beschäftigung auch gleich an den Nagel hängen. Damit sind wir zwar wieder auf der technischen Ebene, aber abwerten würde ich diese nicht.

Von meinen ausgeführten Arbeiten habe ich das letzte Mal mit meinem Meister, Miklós Mészöly, gesprochen, oder mit Péter Esterházy, meinem Kollegen und Freund, der jetzt auch tot ist.

Allerdings spricht man von so einem heiklen Gegenstand auch mit Kollegen nicht gern. Man möchte das Schamgefühl und alles, was sich hinter dem Schamgefühl verbirgt, die Persönlichkeit, die Substanz, den göttlichen Anteil, das spezifisch Eigene, das Gegebene, das Veränderbare, das Unveränderliche, den Einzelcharakter des anderen nicht berühren oder verletzen. Beginnt man aber, doch davon zu sprechen, dann mit elementarem Genuss, ungezügelt, ausufernd. Wer könnte einen besser verstehen als der Kollege. Das Gespräch beginnt einem Liebesakt zu gleichen, den man absichtlich ohne Höhepunkt lässt.

Das heißt, man springt kontrolliert von Assoziation zu Assoziation, genau so, wie der von den Musen zum Dichter geweihte Hesiod die neun Nächte dauernde Vereinigung von Zeus und Mnemosyne sah und dann den neun Mädchen erzählte, obwohl Kinder im Prinzip so etwas nicht wissen dürfen. Er sah eine Geschichte, die man anfangen kann, die abzuschließen aber kein Grund besteht, er sah das Gleichnis einer Erzählung, in der sich die dialogischen Elemente von den monologischen nicht mehr trennen lassen.

Beim Abschied sagten wir, das nächste Mal dann, unbedingt, und das hieß, dass er begriffen hatte und mich nicht für verrückt hielt, aber dass so ein nächstes Mal in unseren wirklichen und voneinander entfernten Leben höchstwahrscheinlich nicht enthalten war.

Jetzt also ist der passende Augenblick gekommen, und ich wollte von meiner Arbeit ein wenig so sprechen wie Max Weber, oder in seinen Spuren Hans Jonas, von der Wissenschaft sprachen, als Beruf.

Um von der schriftstellerischen Arbeit sprechen zu können, müsste man über vieles völlige Gewissheit haben. Was praktisch unmöglich ist. Vor allem müsste ich wissen, was alles ich von einem Gegenstand nicht weiß, beziehungsweise müsste ich vom Gewussten, Nichtgewussten und Nichtzuwissenden je ein genaues Inventar haben. Von Dingen, die sich dem Wissen auch dann entziehen, wenn ich mich um sie bemühe, ihnen nachgehe, den Versuch wage, Daten sammle, lernbegierig bin. Das Wissen um Dinge hat ja das zeitbedingte und das persönliche Nichtwissen als organische Bestandteile, was längst keine erkenntnistheoretische, sondern eine eminent literarische Frage ist, bringt sie doch Zeit und Person zugleich ins Spiel. Wie das zeitbedingte Wissen hat das persönliche Wissen bei jedem Thema seine Tendenzen und Grenzen, und ihre Überlagerung ist je nach Situation verschieden moduliert und auch verschieden geschichtet. Die Informiertheit ist an der Oberfläche, die Wahrnehmung weiter unten, noch weiter unten die Kenntnisnahme, welche Reflexionen, Anblicke, Empfindungen, Affekte, Impulse verarbeitet, in der Nähe der offensichtlich ererbten Bewusstseinsstruktur. Auch das ist eine verzwickte Frage, bei wem diese mitgebrachte Bewusstseinsstruktur wann und wie funktioniert, und auf welche Art sie in ihm das System der Vorgefühle, Vorahnungen, ja, der Visionen herausbildet. Auf welche Art bestimmen die Bewusstseinsstruktur und die ineinander geschachtelten Bewusstseinsebenen und Wissensinhalte den Gegenstand des Wissens, und wie bilden sie ein Geflecht. Das alles hat natürlich seine eigene Zeitlichkeit. Im Hinblick aufs Schreiben ist also auch in Betracht zu ziehen, wann mir etwas zur Kenntnis kommt, oder ob es mir überhaupt zur Kenntnis kommt und wie es sich zu den früher zur Kenntnis gekommenen und in der Bewusstseinsstruktur sorgfältig oder unbewusst verstauten Gegenständen verhält. Welche Art emotionaler, erotischer Spannung besteht zwischen ihnen. Fügt sich die neue Kenntnis, der ich eifrig nachgegangen bin, lückenlos in eine frühere Struktur ein, oder fällt sie unangenehm leicht wieder ab, rutschen sie vielleicht aufeinander herum, oder machen die neueren Elemente den älteren ihren Platz in der Struktur streitig, verrät sich das Rutschen, das heißt die Unsicherheit, auf der sprachlichen Ebene, auf dem Gesicht, in den Gesten, sind da vielleicht Floskeln oder Gemeinplätze, die darauf verweisen, dass die Kenntnis doch nicht so neu ist.

Und wenn sie es nicht ist, beruht dann ihre Wiederholung auf der Kultur oder auf der menschlichen Natur.

Womit ich nur sagen will, dass nicht nur dem Wissen gegenüber die größtmögliche professionelle Demut obligatorisch ist, sondern auch dem Nichtwissen gegenüber. So wie auch die Musen Hesiod darauf aufmerksam machen, dass die Wahrheit alle ihre Lügen enthalten muss, ja, auch ihr Geflunker. Schalte ich die Fabel aus, schalte ich die Phantasie aus. Während der Arbeit muss ich jedem einzelnen Satz, jeder Satzsituation den Katalog des Wissens hinhalten, und ich muss diesen Wissenskatalog auch mit dem Katalog der nicht gewussten, nicht zu wissenden Dinge zusammenblättern, um klar zu sehen, was zur beschriebenen Person, zu ihren offensichtlichen und verborgenen Eigenschaften, also zu ihren persönlichen Umständen gehört und was zur Spezies, in der sie mitsamt ihrer von den Göttern gegebenen Eigenschaften doch nur eine Variante ist.

Weitere Titel

Aufleuchtende Details

Buch der Erinnerung

Der eigene Tod

Der Lebensläufer

Die Bibel

Ende eines Familienromans

Freiheitsübungen und andere Kleine Prosa

Leni weint

Liebe

Minotauros

Ohne Pause

Parallelgeschichten

Schauergeschichten

Schreiben als Beruf

Von der himmlischen und der irdischen Liebe

Die Rowohlt Verlage haben sich zu einer nachhaltigen Buchproduktion verpflichtet. Gemeinsam mit unseren Partnern und Lieferanten setzen wir uns für eine klimaneutrale Buchproduktion ein, die den Erwerb von Klimazertifikaten zur Kompensation des CO_2-Ausstoßes einschließt.
www.klimaneutralerverlag.de